PHILOSOPHISCHE PERSPEKTIVEN

Jochen Kirchhoff

Unendlicher lebendiger Raum

PHILOSOPHISCHE PERSPEKTIVEN

Jochen Kirchhoff

Unendlicher lebendiger Raum

Essays

edition *dionysos*

Bibliografische Information der Deutschen Nationalbibliothek: Die Deutsche Nationalbibliothek verzeichnet diese Publikation in der Deutschen Nationalbibliografie; detaillierte bibliografische Daten sind im Internet über http://dnb.dnb.de abrufbar.

Autor: Jochen Kirchhoff
Layout & Satz: Wolfram Bahmann, Uli Fischer
Verlag: BoD · Books on Demand GmbH, Überseering 33,
                    22297 Hamburg, bod@bod.de
Druck: Libri Plureos GmbH,
                    Friedensallee 273, 22763 Hamburg
ISBN: 978-3-7693-1961-3

Inhalt

Begleitwort

Die hier versammelten Essays fassen in zwei Bänden („Die Wirklichkeit von Licht & Zeit" / „Unendlicher lebendiger Raum") die editorische Zusammenarbeit von Jochen Kirchhoff mit der Zeitschrift raum&zeit zusammen, die 1999 begann. Der damalige Herausgeber Hans-Joachim Ehlers wurde schnell zu einem Fan der kosmologischen und anthropologischen Neudeutungen, die durch die Wissenschaftskritik und die fundierte Naturphilosophie Kirchhoffs hervorgerufen wurden. Diese kamen der Grundintention der Zeitschrift, neue Ansätze einer ganzheitlich orientierten Wissenskultur zu fördern, sehr entgegen.

Und so kam es in langjähriger Begleitung durch die Redakteurin Angelika Fischer zu einer Vielzahl von essayistischen Äußerungen zu den zentralen Themen der transzendentalen Naturphilosophie in diesem Rahmen.

Der vorliegende Band konzentriert sich auf die Themen einer lebendigen Raum- und Kosmosvorstellung, die im Gegensatz steht zur herrschenden Naturwissenschaft und ihrer Erkenntnis erschwerenden Grundanlage. Nur eine Kosmologie der lebendigen Unendlichkeit und der kosmischen Verantwortung des Menschen kann aus den Sackgassen der modernen Weltanschauung herausführen.

Wir wünschen den Lesern erhellende Momente erkenntnisverdichteter Zeit – und Offenheit für einströmende schöpferische Impulse zur Lebensgestaltung.

Uli Fischer und Wolfram Bahmann
im Mai 2025

„Der Kosmos ist gründlich anders,
als die herrschende
Naturwissenschaft annimmt.
Das Prinzip Leben ist allgegenwärtig.“

„Die Beschränkung auf die primären
Sinnesqualitäten
wie Grösse, Form und Zahl,
schliesst das Leben,
wie auch das Bewusstsein aus.“

Der Kosmos lebt (I)

Philosophische Grundlagen einer neuen Naturwissenschaft

Eine Krise erschüttert die moderne Kosmologie. Urknall, Raum-Zeit-Kontinuum und andere etablierte Axiome stehen im Widerspruch zu neuen Erkenntnissen, die dem Weltall Leben und Intelligenz einräumen. In seinem zweiteiligen Essay kritisiert Jochen Kirchhoff die weltanschaulichen Prämissen der veralteten, objektivierenden Naturwissenschaft.

Prolog unter dem Sternenhimmel

Wem es gelingt, der Lärmkulisse und dem Dreck der Maschinenzivilisation zu entfliehen, und in sternenklarer Nacht, und sei es für einige Minuten, den Blick nach oben zu richten und einfach dem nachzuspüren, was sich leiblich, seelisch, geistig spontan einstellt, dem kann es geschehen, dass ihn eine Art Schwindel packt, dass er wie hineingeschockt wird in eine andere und höhere Wirklichkeit.

Mag sich, für einen Moment nur, ein innerer Raum öffnen, der wie erinnert wirkt, als kenne man ihn eigentlich und habe ihn nur vergessen, – mag dann der Kosmos, der diesen altehrwürdigen Namen verdient (Kosmos heißt im Griechischen Schönheit und Ordnung/Harmonie) erahnt werden –, so legt sich schnell darüber ein ganz anderer Film, der mit dem zu tun hat, was man zu wissen glaubt, worüber man sich, meist aus dritter und vierter Hand, informiert hat. Man „weiß" von Newton, von Einstein, vom Urknall, von fernen Galaxien, von der Krümmung des Raumes, von glühenden Gasbällen, schwarzen Löchern und vielem mehr und hat nun das ganze Instrumentarium zur Hand, um sich wieder zu festigen im rationalen Gehäuse, zu dem die physikalische Kosmologie gehört. Das von Physikern weniger erschlossene als imaginierte Weltall wirkt jedoch monströs und tot. Keine Spur von höherer Intelligenz und Leben.

Demgegenüber soll dieser Essay den lebendigen Charakter des Kosmos herausstellen.

11 Kernthesen zum lebendigen Kosmos

Meinen Ausgangspunkt möchte ich anhand von Thesen deutlich machen, die zugleich Prämissen enthalten, also Voraussetzungen beziehungsweise Grundannahmen, die mein Denken bestimmen. Dies ist insofern geboten, als diese Thesen und Grundannahmen den allseits herrschenden und meist dogmatisch verteidigten völlig widersprechen. Die nachstehenden Thesen sind nicht streng logisch geordnet, sondern ganz bewusst eher locker und unsystematisch angelegt. Das mag auch deshalb sinnvoll sein, als unser Thema das Lebendige ist, das Lebendige in uns und im Weltall. Bislang ist noch kein „System" in der Lage gewesen, das Lebendige zu erfassen oder auch nur adäquat zu beschreiben.

1. These

Wir sind lebendige Wesen in einer vollständig lebendigen Welt.

„Das Universum ist nicht tot, weil wir nicht tot sind."
(Amit Goswami) [1]

2. These

Wir begreifen die Welt – das Universum, den Kosmos – nach Maßgabe unseres eigenen Bewusstseins. Dieses Bewusstsein, das immer mit unserem Sein zu tun hat (wer wir sind und wie wir leben), wird vom Kosmos zurückgespiegelt. Insofern gilt: Was wir „da draußen" wahrnehmen, sind wir selbst. Die Monstrositäten der herrschenden Kosmologie sind Ausdrucksformen einer in diesem Sinne monströsen Bewusstseinsform. Erwin Chargaff hat dies wie wenige Andere erkannt. In seinem Buch „Vorläufiges Ende. Ein Dreigespräch" von 1990 heißt es:

„Unser Naturkonzept ist also keineswegs unabhängig von der Tatsache, dass in unserer Zeit so etwas wie Auschwitz, Hiroshima und vieles andere Neuartige sich ereignen konnte." [2]

3. These

Ausgangspunkt jeder Wirklichkeitserfassung, ob nun philosophisch oder naturwissenschaftlich, ist die lebendige Erfahrung in ihrer Unmittelbarkeit und ihrem nicht reduzierbaren Innensein. Das Primäre und vorgängig Wirkliche ist nicht die Außenwelt als Ding- oder Objektwelt, schon gar nicht die reduktionistisch verengte und auf bloße Quantitäten reduzierte der abstrakten Naturwissenschaft. Die so verstandene Außenwelt oder Objektwelt ist ein Phantasma, ein Konstrukt, eine durch nichts Wirkliches gestützte Fiktion.

Das Primäre und vorgängig Wirkliche ist das lebendige und bewusste Sein.

4. These

Die „Scheinwirklichkeit" (Erwin Chargaff) der abstrakten Konstruktionen verstellt die Wirklichkeit, ja zerstört sie über kurz oder lang. Die Atombombe ist die Quintessenz der abstrakten Naturwissenschaft, ihr sprechendstes Symbol.

5. These

Die „Sonnen" als glühende Gasbälle in eisiger Leere sind eine kollektive Projektion, die nur deshalb nicht als solche durchschaut wird, weil sie der herrschenden (durchaus explosiven) Bewusstseinsform entspricht beziehungsweise aus dieser hervorgegangen ist. Verständlich wird diese Behauptung aus der Radialfeld-Hypothese, die ich bereits verschiedentlich vorgestellt habe (siehe auch Quellen: „Licht der Natur – Licht des Geistes, Teil I") und die ich weiter unten noch einmal umreißen möchte, weil ein Teil meiner Beweisführung auf ihr beruht.

6. These

Kosmisches Licht wird nicht direkt von den „Sternen" abgestrahlt, sondern entsteht erst als Wechselwirkungsphänomen, im Gegeneinanderwirken der Radialfelder oder Raumenergiefelder der Gestirne.

Alle aus der herrschenden Deutung des kosmischen Lichtes abgeleiteten Schlussfolgerungen, auch und besonders die kosmologischen, sind hochgradig spekulativ und aus der Sicht der Radialfeld-Hypothese rein fiktiv, das heißt ohne Verankerung in der Wirklichkeit.

7. These

Intelligentes Leben, in welcher Gestalt auch immer, ist im Prinzip überall möglich.

8. These

Wir sind umgeben von einer kosmischen Kugelschale von Bewusstsein. Alles „Dort", für die sinnliche Wahrnehmung „da draußen", ist im Grunde ein „Hier". Das geeignete (kosmische) Bewusstsein vorausgesetzt, ist betäubende Ferne im Grunde uns umhüllende und durchdringende Nähe.

9. These

Starre, unwandelbare oder über längste Zeiträume konstante Größen sind rein fiktiv. Was sich aus der Perspektive der Erdoberfläche oder in deren Nähe als „Naturgesetze" darstellt, muss von einer höheren Ebene aus relativiert werden. Alle „Konstanten" sind eigentlich Variablen, was die Gültigkeit der Mathematik erheblich einschränkt.

10. These

Die Sinnenwelt (= Welt der Erscheinungen) ist nur „halbreal". Als Grundlage für ein weiter reichendes oder gar kosmisches/kosmologisches Weltverständnis ist sie nicht geeignet. Nur die kosmische Verankerung unseres

Bewusstseins (= Bewusst-Seins) verbürgt die Möglichkeit, das Täuschende der Erscheinungen zu durchstoßen und zur „wirklichen Wirklichkeit" vorzudringen, in der wir wurzeln und in der allein wir lebendig sind und sein können.

11. These

Der Weltenraum ist ein unbegrenztes Meer der Lebendigkeit und des Bewusstseins. Der Raum lebt, er ist keine tote Erstreckung. Der „mathematische Raum" (egal welcher Dimensionalität) dagegen hat keinerlei Wirklichkeit oder gar Leben. Er ist mausetot. Jeder Wimpernschlag unserer Existenz vollzieht sich – und kann sich nur vollziehen – im lebendigen Raum (wie in der lebendigen Zeit).

Wären Raum und Zeit so tot und abstrakt, wie die Physiker annehmen, wäre Leben unmöglich. Leben kann nur aus Leben entstehen.

Dass es aus Totem hervorgegangen sein soll, wie behauptet wird, ist unbeweisbar. Niemand hat jemals etwas Derartiges beobachtet. Soweit die Thesen, elf an der Zahl, die sich jedoch vermehren ließen. Ich werde auf sie zurückkommen, mich immer wieder auf sie beziehen, auch wenn sie nicht direkt herangezogen werden.

Bevor die Frage nach einem „lebendigen Kosmos" sinnvoll gestellt oder gar beantwortet werden kann, bedarf es einiger grundsätzlicher Klärungen. Zwei Fragen sollen hierbei leitend sein. Gelingt es nicht, diese Fragen wenigstens im Ansatz zu beantworten, bleibt alles Reden oder gar Theoretisieren über den Kosmos, das Weltall, das Universum (oder wie immer wir „das Ganze" nun

nennen) müßig, eine Spielwiese unserer Tagträume oder
„ein Zeitvertreib für findige Narren" (Giordano Bruno
über die mathematische Astronomie seiner Zeit).
– Kann der Mensch „das Ganze" denken oder erkennen
(wenigstens in seinen Grundstrukturen, seinen Grund-
gesetzen)? Das berührt die Frage, ob „Weltmodelle" im
üblichen Verständnis überhaupt möglich sind, ob es so
etwas wie Kosmologie geben kann.
– Was ist das überhaupt – „Lebendigkeit"? Welche Merk-
male und Charaktere gehören zu ihr? Wie lässt sie sich
bestimmen, das heißt, wo liegen die Kriterien? Die Frage
nach der Lebendigkeit berührt die nach der Gestalt (die
ihrem Wesen nach ganzheitlich ist) und nach dem Bewusstsein.

Lässt sich „das Ganze" denken?
Zur Frage der Weltmodelle

Die erste Frage zielt auf unsere Fähigkeit und Möglichkeit ab, das Weltganze modellhaft zu vergegenwärtigen
und in seinen Kernstrukturen zu erfassen. Der Kosmos
als Ganzes ist, wie nahe liegend und fast banal, kein Gegenstand unserer Anschauung, kein Objekt „da draußen",
das wir jemals vollständig sichten könnten. In gewisser
Weise ist das als Totalität vorgestellte Universum eine
Schimäre. „Das Ganze" zerschmettert jedes wie immer
geartete Denken. Dennoch will ich zunächst bei dieser
Schimäre bleiben und ihr den Status einer theoretischen Möglichkeit zusprechen.

Die Grundvoraussetzung dafür, überhaupt Aussagen
über „das Ganze" zu machen, ist die Annahme, dass der

Weltausschnitt, der unserer Anschauung (im weitesten Wortsinn) zugänglich ist, einen wirklich repräsentativen Charakter aufweist, dass wir nicht „standortgeschädigt" sind. Anders formuliert: Was wir sehen und mit unseren technischen Apparaten erfassen können, also jener Teil der Welt, der uns enthält und umgibt, muss im Hinblick auf „das Ganze" aussagekräftig sein.

Standort der Betrachtung

Wenn wir in einem Winkel des Universums wohnen, der so eigenständig und gleichsam originell ist, dass er keinen Vergleich zulässt mit anderen Winkeln oder Orten im All, oder wenn alle Weltall-Inseln, zum Beispiel die Galaxien, völlig eigenständige Individuen sind, die jeweils ganz anderen Gesetzen folgen, dann ist naturgemäß Kosmologie, als die Lehre vom Ganzen des Kosmos, unmöglich, von der Kosmogonie, also der Lehre von der Entstehung des Kosmos, ganz zu schweigen.

Entscheidend ist, wie wir den Winkel, in dem wir leben, also unseren Standort im Kosmos, bestimmen. Zunächst räumlich: Was ist gemeint? Die Erdoberfläche, das Sonnensystem, die Milchstraße, die sogenannte lokale Gruppe? Dann zeitlich: Unterliegt das, was wir an diesem Standort wahrnehmen, länger- oder mittelfristig so starken und einschneidenden Veränderungen, dass sinnvolle Aussagen über ein Davor und ein Danach gar nicht gemacht werden können, weil alles „rasend schnell fließt" und alles Jetzt nur eine Momentaufnahme darstellt? Bei der räumlichen Dimension ist zu fragen, ob das „kosmische Wo", in dem wir uns aufhalten, durch Besonderheiten geprägt ist, die uns gleichsam (und zwar umfassend, nicht nur optisch) die Sicht verstellen. Wir könnten den „Rest der Welt" wie durch eine kosmische Brille wahrnehmen, deren Strukturbesonderheiten dann auch unsere Wahrnehmung prägen, in bestimmten Graden auch verzerren und einengen. Das Radialfeld oder Raumenergiefeld der Gestirne, in unserem Falle: das der Erde (mit Überlagerungen durch andere Radialfelder der näheren kosmischen Umgebung), ist nach meiner Überzeugung eine derartige „Brille". Diese können wir nicht einfach ablegen.

Der homogene Einheitskosmos
der traditionellen Physik

In ihren Aussagen über „das Ganze" gehen die Physiker von dem aus, was sie das „kosmologische Prinzip" nennen. Worum es sich dabei handelt, lässt sich mit dem Astrophysiker Hans-Jörg Fahr wie folgt beschreiben:

„Wir stellen uns vor, die Welt sei uniform, homogen und auszeichnungslos. Kein Beobachter irgendwo im Kosmos soll durch seinen kosmischen Standort hinsichtlich der zu gewinnenden Welterkenntnis bevor- oder benachteiligt sein. Dieses kosmologische Prinzip, in dem angenommen wird, dass die Welt von allen Stellen gleichbeschaffen aussieht, bildet die Basis jeder bisherigen Kosmologie, und sie führt natürlich von vornherein dazu, dass wir mit diesem Prinzip allenfalls eine Welt verstehen, die eben nicht wirklich vorliegt." [3]

Hans-Jörg Fahr, dies sei hier ergänzend hinzugefügt, gehört zu den wenigen Physik-Professoren, die die Urknall-Kosmologie schroff ablehnen, genauso übrigens wie den Weltformel-Wahn seiner Zunft.

Das „kosmologische Prinzip" halte ich für eine Fiktion, eine durch keine empirische Größe gestützte Annahme, der ich nicht einmal den Rang einer Hypothese zubillige. Denn diese müsste, in Grenzen, falsifizierbar oder verifizierbar sein. Und genau das ist sie nicht. Wir haben es hier, wie bei fast allen Universalaussagen der Physiker, weniger mit Erfahrungswissenschaft oder Physik im strengen Sinne als vielmehr mit hochgradig spekulativer Metaphysik zu tun. Das muss in aller Schärfe herausgestellt werden. Dass dies von den wenigsten durchschaut, ja auch nur verstanden wird, hängt einmal mit dem autoritären Auftreten der involvierten Wissenschaftler zusammen, im Verbund mit der gierigen Popularisierung der Weltmodelle durch die Massenmedien, und zum anderen mit dem hohen Grad an mathematischer Abstraktion, den zwar nur wenige begreifen, die meisten aber bewundern.

Was meine Zurückweisung jedweder Kosmologie und damit jedweder Weltmodelle, einschließlich sämtlicher „Berechnungen" eines Weltalters oder eines Weltradius (= Größe der Weltgesamtheit) anbelangt, so stützt sich diese zentral auf meine Radialfeld-Theorie, die ihrerseits auf die genialen Impulse der Philosophen Giordano Bruno und Helmut Krause zurückgreift.

Falsche Entfernungsangaben

Aus den Wechselwirkungen der Radialfelder beziehungsweise Raumenergiefelder der Gestirne folgt, dass sämtliche Entfernungsangaben, soweit sie sich auf Gestirndistanzen außerhalb des Sonnensystems oder gar auf intergalaktische Distanzen beziehen, falsch und willkürlich oder rein spekulativ sind. Dass dies so ist, lässt sich übrigens im Grundsansatz auch schon ohne Radialfelder, also selbst im Rahmen der Sonnenofenfiktion („Sonnen" = glühende Gaskugeln) plausibel machen. Dazu möchte ich noch einmal Hans-Jörg Fahr zitieren. In seinem Buch *„Der Urknall kommt zu Fall"* von 1992 schreibt er:

„Ohne kosmische Objekte, die als so genannte zuverlässige Einheitskerzen mit bekannter, wahrer Leuchtkraft verwendet werden können, wäre jeder Versuch zum Scheitern verurteilt, die Entfernung weit entfernter Objekte im Universum verlässlich einzustufen. Andererseits wäre ohne Hubble-Relation (= die Beziehung von Rotverschiebungswert und unterstellter Entfernung, J. K.) und ohne Rotverschiebung mit einer klaren Implikation für die kosmologische Expansionsdynamik ein Verständnis der universalen Raumzeitgeometrie ebenso völlig ausgeschlossen. (...) Mit dem, was man im Weltall wohl als Einheitskerze oder Leuchtstandard verwenden könnte, haben die Astronomen leider ohnehin große Probleme. Ihre strahlenden Objekte im Kosmos erweisen sich bei genauerer Analyse alle doch als irgendwie individuell geprägte Lichtquellen mit eigener Charakteristik. (...) Unter

diesen Objekten scheint es einen ganzen Zoo von Individuen zu geben, die alle in ihrer Eigenartigkeit völlig unverstanden sind." [4]

Fahr führt aus, dass die Messbefunde etlicher als exotisch einzustufender Objekte, etwa der so genannten Quasare, auch mit Blick auf die jeweils fingierte Koppelung an bestimmte Galaxien, den Verdacht nahe legen, *„als habe die Rotverschiebung dieser Objekte überhaupt nichts mit ihrer Entfernung zu tun".* [5] Dann heißt es:

„Ein den Astronomen böswilliger Häretiker könnte sogar als weitere Möglichkeit zu einer Erklärung die Behauptung anbringen, dass weder die scheinbaren Helligkeiten noch die Rotverschiebungen dieser Objekte irgendeine zuverlässige Indikation für deren Abstand abgeben! Das würde der Kosmologie dann überhaupt jede Basis entziehen. Aber man darf sich vielleicht nicht gleich diesem tiefsten Pessimismus anschließen." [6]

Ein derartiger Häretiker (= Ketzer) bin ich, und dies durchaus nicht aus Böswilligkeit, sondern aus Wahrheitswillen. Ich meine, dass ich den Nachweis erbracht habe, dass zwar eine gewisse Relation besteht zwischen Rotverschiebungswert und Entfernung der jeweiligen kosmischen Objekte (als Resultat aus sinkender Intensität der Raumenergieverstrahlung der Erde und den jeweils ins Spiel kommenden radialenergetischen Wechselwirkungen – die Andromeda-Galaxie zum Beispiel weist keine Rotverschiebung auf), dass diese aber anderer Art ist, als die Physiker annehmen. Dazu weiter unten mehr. Die Radialfeld-Theorie entzieht der Kosmologie, wie sie gemeinhin betrieben wird, tatsächlich jede Basis, und das hat für mich keineswegs etwas mit tiefstem Pessimismus zu tun, eher im Gegenteil: Ich sehe darin einen Akt der Befreiung aus dem trostlosen und leblosen Gefängnis der physikalischen Kosmologie. [7]

Erfahrung des lebendigen Kosmos

Wenn ich von einem rundum lebendigen Kosmos rede, ihn im Sinne einer Prämisse geradezu voraussetze, so ist dies streng genommen selbst eine kosmologische Aussage, wenn man es so nennen will. Denn sie ist ja gleichfalls, weit über die uns zugängliche Erfahrung hinaus, auf das „Universum überhaupt" gerichtet. Kosmologie in diesem Verständnis ist jedoch kein abstraktes Weltmodell, keine zifferngestützte Konstruktion, sondern eine verallgemeinernde Schlussfolgerung, die ich für legitim halte, obwohl sie ihrem Grundcharakter nach metaphysisch ist.

Wäre der Kosmos primär tot, wäre also das Tote das vorgängig Wirkliche, könnte ein lebendes Wesen diesen so beschaffenen Kosmos (schon das Wort wäre falsch) grundsätzlich nicht erkennen. Auch eine bewusstseinsblinde Welt ist ihrer Struktur nach unerkennbar. Wenn ich überhaupt etwas erkennen will, muss ich objektiven Geist voraussetzen. Wenn ich Leben erkennen will, muss ich Leben voraussetzen. Das führt zu der Frage, wie sich Lebendigkeit oder Lebendigsein bestimmen lässt. Dieser Frage möchte ich mich jetzt nähern, um dann, in einem weiteren Schritt, wieder ins Große oder Kosmische zu gehen.

Das Lebendige entzieht sich der Wissenschaft

In der furiosen Schülerszene in Goethes „Faust I" sagt
Mephisto in der Maske Fausts zu dem Schüler:

> *„Wer will was Lebendigs erkennen und beschreiben,*
> *Sucht erst den Geist herauszutreiben, dann hat er die*
> *Teile in der Hand / Fehlt leider! nur das geistige*
> *Band."* [8]

So ist es fast allen wissenschaftlichen Versuchen ergangen, die das Lebendige erkennen oder beschreiben
wollten. Sie trieben nicht nur den Geist heraus, sondern
auch die Seele und den Leib (der nicht identisch ist mit
dem physisch fassbaren Körper). Im späten 18. Jahrhundert quälten sich Kant und andere „Newtonianer"
mit der Frage ab, wie es das Leben eigentlich angestellt
hat, in eine an sich tote, mechanischen Gesetzen unter-
worfene, Welt hineinzuschlüpfen und sich darin zu behaupten. Die Frage blieb unbeantwortet, und das bis
heute, trotz allen Aufwandes, der seitdem betrieben
wurde, trotz Molekularbiologie, Entschlüsselung des
„genetischen Codes" und Computersimulationen, trotz
Systemtheorie, Neo-Darwinismus und Theorien der
„Selbstorganisation". Warum ist das so? Warum müssen
alle diese Versuche in letzter Instanz als gescheitert
angesehen werden, so erstaunlich und in Teilen auch
erschreckend die Resultate sind, die einer weitgehend
kritiklosen, ja entmündigten Öffentlichkeit vorgestellt
werden?

Die Antwort darauf, in erster, formelhafter Lesart, ist
einfach: weil diese Forschungen, dem herrschenden re-

duktionistischen Dogma folgend, das spezifische Innen-sein des Lebendigen leugnen oder gering achten, als eine zu vernachlässigende Größe, und bemüht sind, alles Innen vom Außen aus zu erklären und abzuleiten. Die Innenwelt ist nicht einfach von der Außenwelt ab-zuleiten. Man konstruiert eine Kausalverbindung von der wissenschaftlich erfassten Außenwelt zur Innen-welt, zum Innensein des Lebendigen, das dann notge-drungen zum Sekundär-, ja Scheinphänomen degradiert wird. Diese Kausalverbindung ist eine staunenswerte Phantasie, weil sie ihrer Struktur und ihrem Anspruch nach gar nicht gelingen kann. Am Menschen lässt sich dies unmittelbar verständlich machen. Was immer mein Lebendigsein begleitet oder gar, auf der Erscheinungs-ebene, ermöglicht – und da gibt es viele Faktoren, die sich nennen lassen und die alle „ihr Recht haben", mein eigenleibliches und bewusstseinsmäßiges So-Sein wird davon gar nicht berührt. Was in diesem eigenleiblichen und bewusstseinsmäßigen So-Sein direkt und unver-stellt erfahren wird, weltenfern von allen Konstrukten des Verstandes, ist eine völlig andere Seinsebene!

Vom materiellen Korrelat des lebendigen Seins führt keine Brücke zu diesem lebendigen Sein selbst, genauso wenig wie ich jemandem das Gehirn öffnen und hinein-sehen kann, um das Innensein dieses Menschen in sei-ner Lebendigkeit und Unmittelbarkeit zu erfassen. Hier eine Ursache-Wirkung-Beziehung zu konstruieren (also jenseits der Entsprechungen oder Korrelate, die ja nicht zu leugnen sind), ist eine im schlechten Sinne metaphy-sische Spekulation, im Grunde ein reines Phantasiege-bilde, das in unserer Erfahrung keinerlei Stütze findet. Auf diese Dinge hat Hermann Schmitz, der Begründer

der Neuen Phänomenologie, wieder aufmerksam gemacht, was sein großes Verdienst ist. In scharfer und zugleich geschmeidiger Begrifflichkeit hat er die eigenleibliche Erfahrung philosophisch erschlossen, so dass ich ihm viele wertvolle Impulse verdanke, auch wenn ich manche seiner Schlussfolgerungen, etwa die Verneinung des Seelenbegriffs, nicht teile. [9]

Was die Abstraktion vom Leben übrig lässt

Die Naturwissenschaftler hatten und haben große Schwierigkeiten, klar zu bestimmen, was das Leben ist. Das reduktionistische Abschleifen der Phänomene, das heißt die Beschränkung auf die primären Sinnesqualitäten wie Größe, Form, Zahl, Ruhe, Bewegung, Lage und Anordnung, bezogen auf Körper und abstrakt vorgestellte Substanzen, schließt das Leben, wie auch das Bewusstsein, schon im Ansatz aus. Das Lebendige wirkt von der erschreckend schmalen Abstraktionsbasis der herrschenden Naturwissenschaft aus wie ein Störfaktor. Die eigenleibliche Erfahrung ist genauso wenig messbar und nach bewährtem Muster von außen bestimmbar wie das Bewusstsein. Bestimmbar und messbar, bis zu einem gewissen Grade, sind allein die materiellen Begleitumstände oder Korrelate. Diese sind aber nicht die Sache selbst. Der Duft einer Rose, der hochdifferenzierte Gesang der Amsel, das frische Grün der Frühlingsblätter und das eigenleibliche Spüren in der Liebe, im Glück, aber auch im Schmerz, in der Verzweiflung – um beliebige Beispiele herauszugreifen – sind Phänomene, die sich – als sie selbst – dem naturwissenschaftlichen

Zugriff entziehen. In seinem Buch „Höhlengänge" von 1997 schreibt Hermann Schmitz:

„Wenn man einen Menschen aus alten Hochkulturen ... nach seinem Selbstverständnis und seinem Weltverständnis fragt, wird er auf beide Fragen mit prinzipiell gleichen Begriffen antworten, im Rahmen der klassischen chinesischen Kultur vielleicht mit Yang und Yin. Wenn es sich dagegen um einen Menschen im Bann der europäischen, inzwischen auf alle Erdteile übergegangenen Intellektualkultur handelt, wird man zwei Antworten hören, die nichts mehr miteinander zu tun haben: Auf die Frage nach dem Weltverständnis wird er von Galaxien und Atomen zu reden anfangen, auf die Frage nach dem Selbstverständnis aber von Körper und Seele oder auch Geist, wobei der Körper noch zu Atomen und Galaxien in Verbindung gesetzt werden kann, während ‚Seele' und ‚Geist' bloß Ausdrücke der Verlegenheit sind. Das Weltverständnis ist im Bann der Technik von Messinstrumenten gefangen, das Selbstverständnis aber davon abgespalten und in das Halbdunkel nicht mehr ganz glaubwürdiger Prägungen aus der Anfangszeit des großen Aufbruchs zur Selbstbemächtigung (grob gerechnet um 400 v. Chr., J. K.) zurückgefallen."

Diese Abspaltung produzierte eine „reduktionistisch ausgeräumte und entwertete Außenwelt", in die nun der Mensch „mit schamloser technischer Brutalität umgestaltend eingriff."[10]

Objektbegriff vernebelt Wahrnehmung

Ideologisch verbrämt und auch gerechtfertigt wurde diese Abspaltung durch einen bis heute gültigen Objektivitätsbegriff, von dem aus fast die gesamte Lebenswirklichkeit des Menschen als „subjektiv" und damit unverbindlich abgewertet werden konnte, was zutiefst neurotisierende Auswirkungen hatte, wie man auch mit geringem Denkaufwand feststellen kann. Als objektiv gesetzte „Fakten" und dem Subjektiven zugeschlagene „Werte" wurden mit einem Axthieb voneinander getrennt. So kann der Mensch von Galaxien und von der kosmischen Umwelt und natürlichen Mitwelt reden, als ginge es um seine Garage oder seinen Geräteschuppen, also um bloße Dinge. Wobei die Garage und der Geräteschuppen dem Einzelnen noch näher stehen und insofern auch mehr Wirklichkeit haben als die Andromedagalaxie, die letztlich zum abstrakten Gespenst verdampft ist im herrschenden Bewusstsein. Dass es darum ginge, das eigene Selbstverständnis, in vertiefter, behutsam ausgeloteter und ausdifferenzierter Form mit dem Weltverständnis zusammenzuschließen, mutet die meisten heute eher absonderlich an. Aber wir haben nicht den Hauch einer Chance, so etwas wie die Lebendigkeit des Kosmos zu verstehen, wenn es nicht gelingt, das eigene Lebendigsein als das vorgängig Wirkliche, das jede Abstraktion übersteigt, zu begreifen. Eingeschlossen ist hierin die kosmische Dimension unseres Bewusstseins, von der ich im 2. Teil meines Zeit-Essays gesprochen habe (siehe Quellen: „Das Mysterium der Zeit, II").

Das wirkliche Lebendigsein als Ausgangspunkt und „Basislager" zu begreifen für alle weiterführenden Überlegungen ist der einzige Garant dafür, dass das Denken den Irrgarten eines lebensfernen, ja lebensfeindlichen Abstraktionismus vermeidet. Das Innen ist kein Reflex des Außen, wie die reduktionistische Wissenschaft annimmt (ein Beweis dafür ist nie erbracht worden), sondern alles Außen ist nur vom Innen aus zu erfassen und zu denken, wobei Qualität und Reichweite dieses Innen (also des eigenen Lebendigsein, des eigenen Bewusstseins) Qualität und Reichweite des im Kosmos Erschlossenen bestimmen.

Was ist das Lebendige?

Auf der Erdoberfläche ist alles Organische an materielle Bedingungen geknüpft. Leben unabhängig davon scheint uns schwer vorstellbar. Und doch ist es sinnvoll, hier behutsam zu argumentieren, wie folgende Bemerkung des Chemikers Rudolf Hauschka aus dem Buch „Substanzlehre", in Bezug auf das Pflanzenleben, verdeutlicht:

„Beim Studium der Pflanzen berühren wir eine Sphäre, wo die Prozesse sich von mechanischen und chemischen Gesetzmäßigkeiten emanzipieren und sich anderen, kosmischen Einwirkungen und Gesetzmäßigkeiten öffnen. (...) Kann nicht Leben gewesen sein, bevor noch Materie existierte, Leben als Ergebnis eines vorher vorhandenen geistigen Kosmos?" [11]

Man kann dies zunächst auf sich beruhen lassen.

Thesenhaft lässt sich das Lebendige wie folgt bestimmen:

• Das Lebendige ist Innensein, nur vom gespürten Leib aus zu verstehen. Darauf beruht unsere Erfahrung. (Der gespürte Leib ist nicht identisch mit dem sinnlich-physischen Körper.)

• Lebendig sein heißt wirklich sein. Fast sind Wirklichkeit und Lebendigkeit Synonyme.

• Alles Lebendige manifestiert sich durch unmittelbare Evidenz über Spüren, Fühlen, Empfinden (auch Mit-Spüren, Mit-Fühlen, Mit-Empfinden, denn ein isoliertes Lebendiges gibt es nicht). Dieses Spüren-Empfinden-Fühlen ist sehr konkret und genau; es ist nicht identisch mit sinnlicher Wahrnehmung, sondern mit dieser ganzheitlich-fluidal verbunden.

• Das leiblich-seelische Lebendigsein hat eine „Außenseite". Diese Außenseite ist die Gestaltganzheit der organischen Form. Ohne das ursächlich zu verstehende Innen ist diese Form eine leere Hülse, die erklärungslos bleibt, wie die Hilflosigkeit der Reduktionisten zeigt, das Rätsel der Morphogenese zu erhellen (Morphogenese = Formentstehung).

• Das Lebendige ist immer räumlich, nur ist der Raum des Lebendigen nicht der abstrakte Raum der Physik und Mathematik (hierzu mehr im zweiten Teil des Essays). Dieser abstrakte Raum hat keine Wirklichkeit.

• Sinn, Qualität und Bedeutung sind keine Projektionen des menschlichen Geistes in eine diese Eigenschaften entbehrende Natur, sondern sie sind integrale Bauelemente des Lebendigen, und zwar auf allen Ebenen des Seins.

• Das Lebendige ist in unterschiedlichen Graden bewusstseinserfüllt. Selbst das so genannte Anorganische hat Bewusstsein.[12]

• Das Lebendige ist stets eingebettet in Atmosphären, die es umgeben und durchdringen. Diese Atmosphären, die leiblich-seelisch sind, sind immer anwesend und mitwesend. Werden sie konzeptionell zerstört oder eliminiert, wie in der herkömmlichen Wissenschaft, sind die Folgen verheerend. Jenseits des ideologischen Nebels weiß das auch jeder.

Sind die „Sonnen" überhaupt heiße Körper?

Physiker vertreten die These, dass die „Sonnen" am nächtlichen Firmament, aber auch die Sonne als Zentralgestirn des Planetensystems, glühende Gaskugeln, thermonukleare Höllen sind. Aufwändige Computersimulationen in Zusammenhang mit der „Helio-Seismologie" und unzählige Einzelberechnungen, deren Voraussetzungen der Laie nicht durchschaut (auch der Physiker meist nicht), sollen nahelegen, dass wir es hier mit exaktem und objektivierbarem Wissen zu tun haben. Die Realität sieht anders aus.

Ähnlich wie beim Urknall geht man von einer bestimmten, geistig eher schlichten Deutung des kosmischen Lichtes aus, bei der gängige Erfahrungen auf der Erdoberfläche in abstrakter Form ins All projiziert wurden. Ob diese Projektion berechtigt ist, wird hierbei nicht hinterfragt.

Im 1. Teil meines Licht-Essays (siehe Quellen: „Licht der Natur – Licht des Geistes") habe ich mich ausführlich hierzu geäußert und der herrschenden Interpretation des kosmischen Lichtes eine ganz andersartige, gleichwohl aber rational stringente und widerspruchsfreie Interpretation entgegengesetzt. Im Kern gehe ich hier von Gedanken aus, die der Philosoph und Privatgelehrte Helmut Friedrich Krause (1904–1973) in seiner Schrift „Der Baustoff der Welt" entwickelt hat. Die Schrift ist erst 1970 veröffentlicht worden (eine von mir kommentierte Neuausgabe erschien 1991, siehe auch Quellen: „‚Urknall' und Hiroshima gehören engstens zusammen"), geht aber auf Forschungen von 1937 zurück, die ihrerseits Impulse des Philosophen Giordano Bruno (1548–1600) aufgreifen und präzisierend weiterführen.

Wechselwirkungen im Kosmos

Das Sonnenlicht kann nur dann kausal mit einem extrem heißen Körper „da draußen" verbunden werden, wenn man von der Fiktion ausgeht, alles auf der Erdoberfläche oder in deren Nähe Erschließbare/Messbare gelte genauso überall im Universum, ohne dass höhere Wirkprinzipien oder Felder mitberücksichtigt werden müssten, die die sinnliche Bühne unserer kosmischen Provinz durchgreifend relativieren.

Helmut Krause und Giordano Bruno weiterdenkend, habe ich jedoch differenziert begründet, dass diese „durchgreifende Relativierung" unserer kosmischen Provinz tatsächlich gegeben ist, und zwar über die Wechselwirkungen des Radialfeldes/Raumenergiefeldes der Erde mit der kosmischen Umwelt. Wissenschaftler messen die von der Sonne kommende Strahlung mit Hilfe von Satelliten, und es wird gefolgert, dass die Sonnenoberfläche eine bestimmte, berechenbare Energiemenge abgibt. Nach dem Stefan-Boltzmannschen Gesetz, das auf der

Erdoberfläche mit guten Näherungen gilt, wird die von einem Körper ausgehende Strahlungssumme von seiner Temperatur bestimmt; so rechnet man aus, dass die ungestörte Sonnenoberfläche eine Temperatur von ca. 5.500 Grad Celsius aufweist. Es gibt andere Verfahren, die ähnlich zirkelhaft gebaut sind und zu ähnlichen Ergebnissen führen, die für die Sonne und alle so genannten Fixsterne nach meiner Überzeugung jedoch ausnahmslos fiktiv sind.

Das zerbröckelnde Modell des Sonnenofens

Dass im Übrigen die Sonnenofenfiktion, besser als Standardmodell der Sonne bekannt, auf durchaus tönernen Füßen steht, wissen kritische Physiker sehr wohl, wenn sie es auch öffentlich kaum äußern. Dass man direkt nichts messen oder ausprobieren, auch keine Experimente mit der Sonne anstellen kann, ist ohnehin evident. Das hätte eigentlich zur Zurückhaltung und erkenntnistheoretischen Skepsis der involvierten „Forscher" führen müssen.

Das Gegenteil ist der Fall. Man hält eine Sache für bewiesen, die sich strukturell gar nicht beweisen lässt. Alle Beobachtungen an der Sonne und im Zusammenhang mit dem kosmischen Licht lassen sich von der Radialfeld-Theorie aus (Bruno, Krause, Kirchhoff) anders deuten, übrigens auch die von Helmut Zyprian in „raum&zeit" herausgestellten Beeinträchtigungen des Hubble-Weltraum-Teleskops bei der Durchquerung der Tag-Nacht- Grenze und der differenzierten Veränderung des Erdmagnetfeldes und des „Sonnenwindes" durch

Planetenpassagen (siehe „Columbia-Absturz – War die Sonne schuld?", raum&zeit Nr. 123). – Was übrigens die Sonnenofenfiktion anlangt, so hat selbst „Der Spiegel" einmal, völlig überraschend, Zweifel daran formuliert. In einem Beitrag über das Problem der „Sonnenneutrinos" von 1992 wird die Möglichkeit erwogen, dass „die Modellvorstellungen über die Vorgänge im thermonuklearen Reaktor der Erdsonne falsch sind". Dann heißt es aufschlussreich:

„Das wäre sehr schmerzlich für die Astrophysiker, denn anhand des Sonnenmodells erklären sie sich auch den Rest des Universums ..." [13]

Die Erklärung des „Rests des Universums" mit der Sonnenofenfiktion glaube ich gründlich entkräftet zu haben (am ausführlichsten in meinem Buch „Räume, Dimensionen, Weltmodelle"), zumindest habe ich bislang noch kein substanzielles (auch widerspruchsfreies und zirkelfreies) Gegenargument gehört.

„Zirkelfrei" ist ein Argument, wenn es nicht das voraussetzt, was gerade bewiesen werden soll. Viele naturwissenschaftliche Argumente entpuppen sich in nüchterner Analyse als Zirkelschlüsse: Man fingiert eine Ursache, die aus den Beobachtungen abgeleitet wird, und benutzt dann diese Ableitung als Realursache des zu erklärenden Phänomens. Eine Erklärungsleistung wird damit nicht erbracht.

Das Radialfeld der Gestirne

Die Radialfeld-Hypothese soll hier noch einmal in knapper Form umrissen werden: Alle annäherungsweise kugelförmigen Gestirne verstrahlen aus ihrem innersten Kern durch Materiezerfall freiwerdende Raumenergien (Radialenergien, „Urenergien"), und zwar in reiner Form, das heißt wellenlos oder mit quasi-unendlich kleiner Wellenlänge. Diese Radialfelder bilden ein radiales oder zentralsymmetrisches Feld gemäß dem reziproken Quadratgesetz: $1/r^2$. Das heißt, die Strahlung geht wie die (unendlich vielen) Radien einer Kugel vom Mittelpunkt strahlenförmig in alle Richtungen; sie durchschlägt die dichteste Materieballung wie Schaum.

Wir spüren diese Strahlung auf der Gestirnoberfläche als Anziehungskraft. Die radiale „Urverstrahlung" macht den Weltraum überbrückenden und durchdringenden Charakter der Gravitation verständlich. Die Geschwindigkeit der Strahlung ist unendlich beziehungsweise quasi-unendlich. In der unvorstellbar differenzierten Wechselwirkung der Gestirnfelder entstehen wellenförmige Schwingungen, unter anderem als Licht, aber auch Aufsplitterungen zu Teilchen und Verwirbelungen vielfältigster Art, sowohl im Kleinen als auch im Großen/Kosmischen. Die Radialenergiefelder sind der gesuchte Lichtäther, das subtile Trägermedium der Wellenbewegungen.

Demzufolge ist das Licht eine Variable. Es gibt unendlich viele Abstufungen der Lichtgeschwindigkeit, und zwar nach Maßgabe der jeweils vorherrschenden Zustandsänderungen der Urenergien.

Sind die Gestirne fest und kalt?

Mit der Annäherung an den Gestirnkern wächst die Dichte der Materie, und zwar gemäß der radialen Form des Raumenergiefeldes. Sie erreicht schließlich unvorstellbare, „exotische" Werte, bevor sie in einer bestimmten Tiefenstufe (wie Helmut Krause sagt) „reißt", das heißt sich wieder auflöst in den Urstoff, die Ursubstanz, das primordiale Feld. Stimmt die Prämisse, muss sich das Gestirn fest aufbauen und, in Relation zu den unterstellten Megatemperaturen der Sterne, zugleich kalt. Sämtliche Berechnungen der Oberflächen- und der Kerntemperatur der Sterne, die die astronomischen Lehrbücher als objektivierbare Tatsache präsentieren, sind falsch. Das Gleiche gilt auch für alle auf der herrschenden Sonnenofenfiktion basierenden Überlegungen zum Aufbau, zum Werdegang und zu den physikalischen Bedingungen der Gestirne und der Sternensysteme. Ob irgendwo Lebensprozesse möglich sind oder nicht, das ganze endlose Debattieren über „extraterrestrisches Leben", die Frage, ob „wir allein sind im Universum", ob Leben allgegenwärtig ist oder einen eher oasenhaften Charakter aufweist, und vieles mehr müsste von der Radialfeld-Hypothese noch einmal ganz neu reflektiert werden.

Wenn die glühenden Höllen der Sterne eher mathematische Tagträume und Projektionen als kosmische Wirklichkeiten sind und wenn die nur als „göttlich" zu bezeichnenden Kernverstrahlungsfelder der Gestirne in ihren unendlich differenzierten Zustandsformen uns eine Mannigfaltigkeit enthüllen, neben der das Monotone/Uniforme der herrschenden Sicht provinziell und naiv wirkt, dann – und nur dann – ist ein Stück der abstrakten Ummauerung unseres Bewusstseins gesprengt und der Blick geweitet. Dann erst kann der lebendige Kosmos – können die belebten und bewohnten Gestirne – ins Bewusstsein gezogen werden, dann erst ist der vorkopernikanische Geozentrismus (= Mittelpunktstellung der Erde) wirklich und grundstürzend überwunden und mit ihm die Blickverengungen, die aus dem „methodischen Geozentrismus" der herrschenden Physik (alles im All ist „so wie hier") und der Absolutsetzung der irdischen Bühne resultieren.

Naive Vorstellung des feuerflüssigen Erdinneren

Was übrigens die Absolutsetzung der irdischen Bühne anbelangt, so lässt sich dieser Fehler mit Hilfe der Radialfeld-Hypothese auch an den Vorstellungen zeigen, die über das Erdinnere existieren. Gibt es auch durchaus konkurrierende Modelle über die Physik des Erdinneren, daran, dass in einer bestimmten Schicht feuerflüssiges Magma existiert, wird nicht gezweifelt. Allein das zeigt das Verhaftetsein an einen im Grunde naiven Realismus. Ein Vulkanausbruch ist kein Beweis dafür, dass das ausbrechende Magma auch im Inneren, in der unterstellten Tiefe, vorhanden ist. Das belegt folgender Gedankengang: Nach allgemeiner Überzeugung ist der Aggregatzustand der Materie abzuleiten aus dem Wechselspiel von jeweils vorherrschendem Druck und atomaren Bewegungsvorgängen. Werden diese Bewegungsvorgänge beschleunigt, muss der Druck erhöht werden, um zum Beispiel den festen Materiezustand aufrecht zu erhalten. Wird die Wärmeenergiezufuhr und die damit verbundene atomare Bewegungsgeschwindigkeit nicht durch entsprechend höheren Druck ausgeglichen, so wird die Materie flüssig. Entsprechendes geschieht beim Übergang vom flüssigen in den gasförmigen Zustand.

Schmelz- und Siedepunkte
abhängig von Energiefeldern

Gemäß der Eigenart des Radialfeldes ist die Energiefelddichte oder -intensität auch bestimmend für die jeweiligen Schmelz- und Siedepunkte. Schießt feste Materie aus tieferen Schichten der Erde und damit höherer Strahlungsdichte nach oben, gemäß den Spannungen der Erdschichten, die der Tag-Nacht-Rhythmus bewirkt (nachts „Last", tagsüber „Entlastung"), so können sich die Schwingungen der Materie im Mikrobereich nicht sofort der nun schwächeren Intensität beziehungsweise geringeren Felddichte anpassen, dem verminderten Druck; und so ergibt sich eine trägheitsbedingte Verzögerung, die sich dahingehend auswirkt, dass die atomare Bewegungsgeschwindigkeit zunächst weitgehend gleich bleibt. Das hat zur Folge, dass der geringere Druck in Zonen geringerer Energiefelddichte nicht mehr in der Lage ist, den festen Materiezustand (Aggregatzustand) zu gewährleisten. Die feste Materie wird flüssig ... [14]

Das Beispiel zeigt die Energiefeld-bedingte Relativität der auf die Erdoberfläche bezogenen Erfahrung, im weiteren Sinne die Vergeblichkeit, die Dinge und Gegebenheiten der irdischen Bühne naiv zu exportieren, was ja nur geht, wenn sie grundsätzlich und immer eben so sind, wie sie sich hier zeigen. Gerade das trifft jedoch in der gemeinhin bekannten Form nicht zu. Und wir werden aufgerufen, erheblich subtiler und weniger grobstofflich zu denken, wenn es darum geht, lebendige und kosmische Wirklichkeit zu verstehen. Dieser lebendigen und kosmischen Wirklichkeit möchte ich mich im 2. Teil dieses Essays anzunähern versuchen. Dabei soll es, über das bisher Gesagte hinaus, zentral um die Frage des Raumes gehen, zusätzlich, und damit verflochten, um die Frage von Seele/Beseeltheit, auch „Weltseele", und Bewusstsein.

* * *

„Forschungen sind bemüht,
alles Innen vom Aussen aus
zu erklären und abzuleiten.“

„Das nächtliche Firmament
zeigt nicht tote Leere und
tote Gestirne, sondern einen rundum
lebendigen Raum,
in dem sich die Gestirne als
kosmische Organismen bewegen.“

Der Kosmos lebt (II)

Wie lebendig ist der Weltraum?

Die meisten Wissenschaftler betrachten heute den Weltraum mit großer innerlicher Distanz als etwas Äußerliches. Sie sehen die Raumforschung als einzige Möglichkeit an, ihn weiter zu erkunden. Für Jochen Kirchhoff ist der Kosmos jedoch in erster Linie über die leiblich-seelische Erfahrung zu entdecken. Seit 25 Jahren kämpft er für eine „Raumrevolution ins Innen", die an das Gedankengut von Philosophen wie Platon, Giordano Bruno und Hermann Schmitz anknüpft.

Menschen haben ein starkes Bedürfnis zu wissen, wer sie sind und wo sie sind. Das Eine ist die Frage nach der Seele, dem Selbst-Sein, der Identität – das Andere die Frage nach dem Raum, dem Ort in jenem unsichtbaren Etwas, das uns umschließt und durchdringt. Wer bin ich und wo bin ich? Beide Fragen gehören zusammen, obwohl sie zunächst nur wenig miteinander zu tun haben. Was hat die Verortung im Raum mit der Frage nach dem Wesen des Menschen zu tun? Das Wo, so scheint es, lässt sich naturwissenschaftlich klären, wenn man ein kosmologisches Koordinatensystem hat. Fehlt dieses, gibt es keine Möglichkeit zu bestimmen, wo wir sind.

Wer bin ich? Die Frage lässt keine im üblichen Sinn objektivierbare Antwort zu, wenn man sie in ihrer Tiefe nimmt. Hier ist die Wissenschaft nicht „zuständig". Die

Wesensfrage überhaupt, und damit auch die Frage nach der Seele (deren Existenz schon als fragwürdig angesehen wird), wird von der Wissenschaft ausgeklammert. In der Wo-Frage glaubt sie sich kompetent.

Weltraum und Weltseele

Die Frage nach der Seele ist immer auch, konsequent weitergedacht, die nach der Weltseele. Die Frage nach dem Raum ist immer auch die nach dem Weltraum, dem Raum der Welten, der Gestirne. Was weiß die Naturwissenschaft über den Weltraum und damit über das Wo des Menschen? Von der Seele weiß sie nichts, und sie will auch nichts davon wissen. Schon die Definition des Wortes fällt schwer; viele halten das Wort, außerhalb des täglichen Gebrauches, für untauglich, da es sich jedem Zugriff entzieht. Auf den Weltraum aber scheint der Zugriff möglich zu sein.

Der Weltraum gilt als Domäne der physikalischen Astronomie und, weitergefasst, der Kosmologie. „Raumsonden" werden durchs Sonnensystem geschickt, und dieses selbst wird präzise vermessen. Wie weit der nächste Fixstern entfernt ist, ebenso. Aus den Rotverschiebungen in den Galaxienspektren, die mit dem Doppler-Effekt gedeutet werden, schließen die Physiker auf eine Fluchtbewegung, ja auf die Expansion jener kosmischen Blase, die das „uns zugängliche Universum" darstellen soll.

Legt man jedoch die von mir vertretene Radialfeld-Hypothese zugrunde (= alle kugelförmigen Gestirne verstrahlen aus ihrem Kern heraus in radialer Form

Raumenergie/Urenergie), dann kommt man zu ganz anderen, ja gegensätzlichen Resultaten. In einem direkten Sinne verstrahlen die so genannten Sonnen kein Licht, dieses entsteht erst im wuchtigen Gegeneinanderwirken der Radialfelder. Unsere gesamte kosmische Erfahrungsbühne wird dadurch radikal relativiert. Man kann dann nicht mehr, ungeprüft und gleichsam naiv, das Universum so nehmen, wie es Beobachtungen und Messungen darbieten. Die kosmische Umwelt muss dann konsequent ganz neu und anders interpretiert werden.

Die Wissenschaft
kann das Raumproblem nicht lösen

Zunächst wäre festzustellen, dass das eigentliche Wissen über den Raum (= Weltraum) gering ist, und zwar gilt dies mathematisch, physikalisch und auch philosophisch. Der wohl beste Kenner der Raumtheorien, der Physiker und Wissenschaftsphilosoph Max Jammer, schreibt am Ende seiner großen Studie über das Raumproblem, man müsse

> *„die Wissenschaft von Raum immer noch als eine ungelöste Aufgabe bezeichnen".* [1]

Meiner Meinung nach ist die Wissenschaft (jede Wissenschaft in dem hier üblichen Verständnis) strukturell außerstande, das Raumproblem zu lösen. Der „Raum der Wissenschaft", der der mathematisch-physikalischen Beschreibung zugänglich ist, ist keineswegs der wirkliche oder tatsächliche Raum, in den wir eingebettet, dem wir mit jedem Wimpernschlag unserer Existenz verbunden sind. Der mathematisch-physikalische Raum ist sozusagen immer Cyberspace dem nichts Wirkliches entspricht. Und das gilt keineswegs nur für die postulierten „höheren Dimensionen", sondern schon für die schlichte Dreidimensionalität, wie so verschiedenartige Denker wie Oswald Spengler (der selbst Mathematiker war) und Hermann Schmitz, der Begründer der Neuen Phänomenologie, herausgearbeitet haben. Schmitz vertritt die These, dass der allein wirkliche Raum der unserer leiblichen Erfahrung sei. Für leiblich würde ich eher leiblich-seelisch sagen, was die These von Schmitz zugleich aufgreift und überschreitet.

Newton gegen Leibniz – wie wirklich ist der Raum?

In dem berühmten Briefwechsel des Newton-Schülers Samuel Clarke mit dem Philosophen und Mathematiker Leibnitz von 1715/16 ringen die beiden unermüdlich und hitzig um die Frage nach der Natur des Raumes, insbesondere um die Frage: Ist der Raum wirklich und absolut (also auch außerhalb der Materie), oder ist der Raum nur relativ und ohne Wirklichkeit, wenn man den materiellen Inhalt wegdenkt?

Die auf hohem intellektuellen Niveau geführte Partie endet im Patt. Keinem der beiden kann der Sieg zugesprochen werden. Man begreift eher, dass das Raumproblem intellektuell-mathematisch in eine Sackgasse führt. Letztlich muss man Axiome setzen, die sich jeder Beweisbarkeit entziehen. Der Rest ist Anwendung, vermischt mit zirkelhafter Argumentation. Aufschlussreich ist, dass Newton und Leibniz die Weltseele ablehnen.

„Weltinnenraum" gegen „Weltaußenraum"

Dies hat eine interessante Vorgeschichte, die auch heute noch relevant ist. Der Philosoph Peter Sloterdijk schreibt in seinem Buch „Sphären II. Globen":

„In jedem Fall gilt, dass der veräußerlichte Raum die Urgegebenheit der neuzeitlichen Naturwissenschaften sei; aber auch den Wissenschaften von Menschen liefert der Satz vom Vorrang des Außen ihr Axiom. (...) In diesem Sinn ist die Geschichte der Neuzeit ... zunächst nichts anderes als die Geschichte einer Raumrevolution ins Außen." [2]

Das ist die geschichtswirksam gewordene Gegenposition zum „Weltinnenraum" (um einen Begriff Rilkes zu verwenden), dem Raum der Fülle, des Lebendigen, des den Menschen einbettenden und umschließenden kosmischen Seins. Dieser Weltseele-Raum, der in der platonischen Philosophie als kugelförmig gesetzt wurde, ist nach Sloterdijk unwiderbringlich dahin. Das „Projekt Weltseele" sei gründlich gescheitert. Der Mensch sei fortan im puren Außen, in der toten Leere ohne kosmisch-metaphysischen Sinn.

Ich glaube, dass dieser „Raum-Nihilismus" auf Illusionen beruht. Eine „Raumrevolution ins Innen" ist durchaus möglich. Das „Projekt Weltseele" mag in der bisherigen Form gescheitert sein; dass es überhaupt und prinzipiell gescheitert ist und nicht wiederbelebt werden kann, ist nicht erwiesen. Ich selbst arbeite seit mehr als 25 Jahren an dieser „Wiederbelebung", unter anderem in meinen Bemühungen zur Grundlegung einer „anderen Naturwissenschaft".

Zur Geschichte des Weltseele-Gedankens

Der Seelengedanke entstand vor ca. 2.500 Jahren in der griechischen Philosophie und umschloss nicht nur den Menschen als Subjekt, wie im späteren christlichen Denken, sondern zugleich die Vorstellung eines Organisationsprinzips der organischen Welt überhaupt.

Platon führt den Gedanken einer Weltseele in die Philosophie und Kosmologie ein. Die Weltseele wird als universales Lebensprinzip vorgestellt, das Erde und Kosmos zum Weltorganismus fügt. In der Renaissance erfährt die Weltseele eine machtvolle Wiederbelebung, insbesondere durch den Philosophen Giordano Bruno, der Weltseele und Weltraum (und Weltäther) in seiner Unendlichkeitskosmologie fast als identisch setzt. Im 17. Jahrhundert verliert die Weltseele an Überzeugungskraft; sie gilt als „unwissenschaftlich" und überholt sowie als unvereinbar mit dem christlichen Gottesbegriff.

Vor 200 Jahren hat der Philosoph Friedrich Wilhelm Joseph von Schelling ohne längerfristige Wirkung den Versuch unternommen, die Weltseele als „Hypothese der höheren Physik zur Erklärung des allgemeinen Organismus" (so der Untertitel seines Buches von 1798) vorzuführen.

Versuche von Naturwissenschaftlern im 20. Jahrhundert, den Gedanken der Weltseele aufzugreifen und mit der herrschenden Physik/Kosmologie zu verbinden, so von Wolfgang Pauli oder von Carl Friedrich von Weizsäcker, wurden von der Mehrheit ihrer Kollegen abgelehnt. In der „alternativen Kosmologie" Helmut Krauses ist die Weltseele zentral. „Weltraum ist Weltseele", heißt es lapidar-eindringlich bei Krause.

Für mich ist „Weltseele" nur ein anderes Wort für All-Leben, allgegenwärtiges Leben, allgegenwärtige kosmische Intelligenz.[3]

Diese Vorstellung lässt sich nicht trennen von den Lebensprozesse ermöglichenden Wechselwirkungen der Radialfelder/Raumenergiefelder der Gestirne. Ohne dass es in diesem Rahmen möglich oder auch nur sinnvoll wäre, eine differenzierte Beweisführung vorzulegen (die nur in einem Buch möglich ist), möchte ich nachstehend einige Thesen formulieren zur Raumfrage und zur Frage von Weltraum und Seele (Weltseele). Diese Thesen sind nicht kompatibel mit der physikalischen Kosmologie, genauso wenig wie die Radialfeld-Theorie.

**Thesen zum Raum (Weltraum)
und zur Seele (Weltseele)**

1. Der Weltraum ist keine tote Erstreckung, kein bewusstseinsblindes und äußeres Immer-Weiter, wie es sich dem physikalischen Blick darstellt. Vielmehr ist er in der Tiefe „Weltinnenraum".

2. Von der Leiberfahrung aus ist der Raum das absolute Darin, dessen geistergleiche Allgegenwart auch die festen Körper durchdringt und durchströmt. Der Mensch bewohnt seelisch-lebendige Räume, den dreidimensionalen Raum der euklidischen Geometrie bewohnt er nicht; der ist eine Abstraktion, in der und mit der sich nicht leben lässt.[4]

3. Der Hyperraum zeitgenössischer Modelle ist eine Fläche, ein tiefenloses Phantasma ohne spirituellen, philosophischen und kosmologischen Wert.[5] Die postulierten „höheren Dimensionen" mathematisch-physikalischer Weltmodelle haben keine Verankerung in der Wirklichkeit. Mit dem Raum als solchem haben sie nichts zu tun.

4. Der Raum ist unendlich. Diese Unendlichkeit, die sich restfrei nicht beweisen lässt, muss kein physisch-sinnliches Immer-Weiter sein. Die Argumente Giordano Bruno für ein all-eines und wirklich unendliches Universum sind bis heute unwiderlegt. Ausnahmslos alle Endlichkeitsvorstellungen münden in logische Absurditäten und Zirkelschlüsse; das wird am aristotelischen Weltbild genauso deutlich wie an der Urknall-Kosmologie. Letztere ist im Kern aristotelisch.

5. Der „leere Raum" ist nicht wirklich leer, sondern „gefüllt"; er ist ein Plenum, kein Vakuum. Dieses Plenum ist kein solches einer stofflich oder feinstofflich verstandenen Raumenergie. Die Raumenergie ist im Raum; sie ist nicht der Raum selbst. Sie ist „unstofflich". Die „Verstofflichung" des Weltraums ist genauso unhaltbar wie die Mathematisierung des Weltraums.

6. Der Weltraum ist absolut und wirklich. In gewisser

Weise ist er das Absolute und das Wirkliche selbst. Und auch das absolute und wirkliche Selbst, das „Welten-Selbst", wenn dieser Begriff gestattet ist. Carl Friedrich von Weizsäcker, der die Wiedereinführung der Weltseele in die Physik erwägt, schreibt:

„Sind vielleicht wir Lebewesen, auch wir Menschen, gleichsam Organe eines Weltorganismus, dessen Bewusstsein sich in unserem Bewusstsein nur gemäß unserer jeweils partiellen Leistung spiegelt?" [6]

7. „Weltraum ist Weltseele" (Helmut Krause). Die Weltseele kann auch als eine Art Weltbewusstsein oder (unendliches und ewiges) Raumbewusstsein verstanden werden.

8. Der Weltseele-Raum, als „Weltinnenraum", verbindet, er ist sozusagen die Verbindung selbst, die das Dort zum Hier macht. Der „Weltaußenraum" (der so gar nicht wirklich ist) trennt, er reißt auseinander, er macht die Ferne unüberbrückbar. Die Weltseele verbindet auf analoge Weise wie die Raumenergie/Radialenergie in reinem Verständnis.

9. Eine „Raumkrümmung" im Sinne der allgemeinen Relativitätstheorie existiert nicht. Alle Radialfelder der Gestirne, die vielfältig gegeneinander wirken, erfahren außerhalb der Gestirnoberfläche eine gewisse Krümmung, die das jeweilige kosmische Gesichtsfeld bestimmt. Was als Lichtablenkung in Schwerefeldern gedeutet wird (bezogen auf die in der allgemeinen Relativitätstheorie postulierte Raumkrümmung), hat wahrscheinlich hier ihre Wurzel. [7]

10. Der Raum ist; er entsteht nicht und expandiert nicht. Er ist ewig-unendliches Sein als Bewusstsein und Weltseele. Einen so genannten Urknall hat es nie gegeben; die Galaxienflucht, die aus den Rotverschiebungen abgeleitet wird, ist nur eine scheinbare, die aus der sinkenden Feldintensität der Erde folgt. (Auch die „Hintergrundstrahlung" ist viel zu glatt, um als Beleg für den Big Bang herhalten zu können; es fehlen typische Signaturen, die die Strukturierung der Welt verständlich machen könnten.)

11. Die Radialfeld-Hypothese, konsequent durchdacht, führt zu einer Entkräftung der Sonnenofen-Fiktion (= des Standardmodells).

Das hat dramatische Folgen für die Frage des extraterrestrischen Lebens, da die Sonnen nunmehr als feste, „kalte" und prinzipiell belebte/bewohnte Kugeln ins Bewusstsein treten. Damit sind aber nur die raumenergetischen und physikalischen Rahmenbedingungen für organisches und intelligentes Leben (in welcher Form auch immer) offen gelegt. Dazu tritt als form- und gestaltgebender Bewusstseinsfaktor der Raum selbst, die Weltseele als Reservoir aller Formen. Damit ist jeder denkbare naturwissenschaftliche Diskurs überschritten, und wir befinden uns auf einer anderen Ebene ...

12. Streng genommen ist der Raum weder messbar noch modellmäßig erfassbar. Abstände und Entfernungen in der relativen oder halb-realen Welt (= Welt der Erscheinungen) sind bis zu einem gewissen Grade messbar. Der Raum selbst wird davon gar nicht berührt. In meinem Buch „Die Anderswelt" spreche ich von dem „anderen und höheren Raum", aus dem der Anschauungsraum erwächst.

Dieser andere/höhere Raum ist der eigentliche und wirkliche Raum, in dem das Ferne nah ist, – womit eine andere Form der „Nicht-Lokalität" ins Spiel kommt als die quantentheoretische.

13. Wahrscheinlich gibt es im Universum eine Dreiheit von Weltäther (Raumenergie/Radialenergie/Ursubstanz), Weltseele (= Weltraum, Reservoir der Formen, Weltbewusstsein) und Weltgeist (= Logos, der auch die kosmische Zeit ist beziehungsweise sie konstituiert). Das wären drei Wirkfaktoren und Wirkebenen, die vielfältig ineinander greifen. Die Reduzierung auf einen Wirkfaktor, eine Wirkebene führt zu erkenntnistheoretischen Engpässen und Widersprüchen, die das Denken lähmen ...

* * *

„Viele der herrschenden Theorien,
allen voran die Einsteinsche,
basieren nicht nur auf
Zirkelschlüssen, sondern sind
zugleich und wohl primär
‚epochaler Natur‘, das heißt
Ausdrucksformen einer epochalen
Bewusstseinsstruktur, eben der
technisch-mentalen.“

Der Mensch, der Raum
und die Schwerkraft

Jochen Kirchhoff ist Dozent an der Berliner Humboldt-Universität und gehört zu den engagiertesten Kritikern der herrschenden Naturwissenschaft. Ganz besonders treibt ihn das rundum gestörte Verhältnis des Menschen zu seinem Heimatplaneten, der Erde, um. Er hält diese Tatsache für eine Folge der zurzeit gültigen Lehren, die nur Materie beschreiben und das Universum für einen toten, leeren Raum halten. Kirchhoff ist außerdem der Überzeugung, dass es eine Weltenseele gibt (wie Giordano Bruno und andere), die das Universum durchdringt und die der Erde Bewusstsein verleiht (Gaia). Auch hat er völlig andere Vorstellungen von der Gravitation als die orthodoxe Physik. Wer Jochen Kirchhoffs philosophisches Modell des Universums mit dem von Dr. Hartmut Müller („Das Universum schwingt logarithmisch") in dieser Ausgabe vergleicht, wird feststellen, dass trotz unterschiedlicher Ansätze erstaunliche Gemeinsamkeiten zu erkennen sind.

Gelegentlich überkommt mich der Verdacht, dass der heutige Erdenmensch gar nicht weiß (und wissen will!), auf welchem Gestirn er sich eigentlich befindet. Mehr noch: Er weiß nicht (und will nicht wissen), in welchem Universum er lebt, welchen existentiellen und ontologischen Ort er überhaupt einnimmt, kurz: wo er sich eigentlich befindet. Seine Cyberspace-Welt ist ihm wichtiger als die Wirklichkeit.

Der heutige Erdenmensch: Das meint zunächst einmal den Menschen der herrschenden Bewusstseinsverfassung, den bewussten oder unbewussten Diener der „Megamaschine" (um einen Begriff des Technikhistorikers Lewis Mamford zu verwenden, mit welchem er die Gesamtheit des technisch-imperialen Projekts bezeichnete). Dass die Megamaschine tatsächlich global herrscht, daran kann es nicht den geringsten Zweifel geben. Fast alle, auch wenn sie „dagegen sind" (oder zu sein glauben), sind mehr oder weniger eingespannt in das große Projekt der Vernutzung oder Planierung der Erde. Und es bedarf einer erheblichen Bewusstseinsanstrengung, sich da herauszuwinden und wirklich tragfähige Alternativen zu entwickeln. Die meisten alternativen Entwürfe und Ansätze sind Teil des Spiels und nicht dessen ernst zu nehmender Widerpart.

Deutlicher als anderswo kann man dies an den vielen Versuchen ablesen, der Mainstream-Naturwissenschaft eine Alternative entgegenzusetzen. Meist wird nicht zureichend verstanden, wo genau der Fehler oder Irrtum im herrschenden Denken, in der herrschenden Naturwissenschaft liegt. Man kann nicht den Teufel mit Beelzebub austreiben, das heißt, auf der technisch-mentalen Ebene lässt sich der Wahn der den Planeten dominierenden Apparate, der Denksysteme und der (wissenschaftlichen, monetären und wirtschaftlichen) Abstraktionen nicht aushebeln.

Die kollektive Neurose

Die technisch-mentale Bewusstseinsform, die machtvollste der bisherigen Bewusststeinsgeschichte, trägt ein Signum, das sie von allen anderen Formationen des Geistes unterscheidet. Dieses Signum lässt sich mit dem Begriff der kollektiven Neurose umschreiben. Neurose heißt Abspaltung. Wovon? Vereinfacht gesagt: Von der Erde, von Pflanze und Tier (und damit auch vom Erden-Selbst, Pflanzen-Selbst und Tier-Selbst in uns) und damit von allem „Unten", einschließlich des eigenen Leibes, und von allem „Oben", das heißt von den höheren, transmentalen Ebenen der Bewusstseinsevolution. Das technisch-mentale Selbst hat sich in einem langen und blutigen Feldzug gegen seine archaischen, magischen und mythischen „Vorgänger" durchgesetzt und diese sämtlich zur Folklore degradiert, das heißt, ihnen jede Seinswürde genommen. Es hat sich einzementiert in die eigene Stufe und diese als Omegapunkt der Bewusstseinsgeschichte postuliert. Motto: Jeder darf glauben, was er will, er darf Christ, Moslem oder Buddhist sein, aber methodisch-technisch darf all dies keine Rolle spielen. Der „methodische Atheismus" der Naturwissenschaft (Carl Friedrich von Weizsäcker) gilt unangefochten. Und es mutet eher grotesk an, wenn die Matadore der Mainstream-Kosmologie in den letzten Jahren zunehmend häufiger von Gott fabulieren (das Urknall-Phantasma als Gottesbeweis gleichsam!). Kosmologen und Theologen verstehen sich immer besser.

Diese technisch-mentale Bewusstseinsform hat zweieinhalb Jahrtausende gebraucht, um schliesslich, megalomanisch angereichert, das zu werden, was sie heute ist: der faktische Imperator mundi (Weltherrscher), der Ehren und Gelder vergibt, der große Pharao, der uns alle zu immer neuen Pyramidenbauten nötigt. Auch die Weltformel-Fetischisten der abstrakten Naturwissenschaft, denen die Weltformel längst die Welt ersetzt (in ihren Köpfen verdampft das Universum zu abstrakten Gespenstern), sind in Dienst und Sold des Pharaos, ja sie gehören zum engsten Kreis seiner Priester und Berater.

Die Weltseele gilt als nicht existent

Ein wichtiges Credo dieser Priester besteht darin, den Weltraum für tot und leer zu halten, die Gestirne, soweit sie als „Sonnen" gelten, für glühende Gaskugeln, denen immerhin im Prinzip die Fähigkeit zugesprochen wird, Planeten zu bilden (natürlich werden überall blinde Zufallsprozesse vorausgesetzt, wie die zurzeit favorisierte Akkretionstheorie der Planetenentstehung zeigt: Planeten als Ergebnis chaotischer Ballungs- und Verklumpungsvorgänge von Staub und Gesteinsbrocken).

Die hier angesprochene Leere des Weltraums meint primär die Leugnung dessen, was in ganzheitlichen/integralen Naturphilosophien oder Kosmologien als Weltseele bezeichnet wird (bei Giordano Bruno, bei Schelling, bei Helmut Krause und auch bei Jochen Kirchhoff). Die Weltseele gilt als nicht-existent, das „Projekt Weltseele" als restlos gescheitert (Sloterdijk). Damit ist der Raum zur blinden Erstreckung im puren Aussen, zum bewusstseinsleeren, seelenlosen und letztlich sinnlosen Immer-Weiter geworden.

Das ist der Raum, der den Menschen als Menschen

nichts angeht, aus dem er flieht, und zwar in akosmische, Kosmos-ferne Cyber-space-Welten, die er dann, in einem geistigen Salto mortale ohnegleichen, wie ein großes Projektionsnetz über das Universum legt. Aus Kosmologie wird faktisch Cyber-space-Wahn. Dieser Wahn wird allseits gefeiert, und die Selbstbewunderung der hierin involvierten Wissenschaftler ist grenzenlos. In den Mainstream-Apparaten wird natürlich der Gedanke, dass die orthodoxe Kosmologie auf Projektionen beruht, scharf zurückgewiesen, ja für absurd gehalten. Man glaubt ernsthaft, dem Weltgeist auf den Fersen zu sein und nur das zu ordnen und zu deuten, was die Beobachtungsbefunde hergeben. Die Zirkelschlüsse, die vielen Deutungen der kosmischen Phänomene zugrunde liegen, werden kaum gesehen, und an den herrschenden Prämissen wird eisern festgehalten.

Ein Beispiel: Das Phantasma der „kalten dunklen Materie" ist erfunden worden, weil sich die Arme der Spiralgalaxien in ihrer Rotationsgeschwindigkeit partout nicht an das „Newtonsche Gravitationsgesetz" halten; und auch Einstein hilft hier nicht weiter. Hierzu Hans Jörg Fahr, Astrophysiker an der Universtität Bonn und pronocierter Gegner einiger der Zentraldogmen der Mainstream-Kosmologie:

„Dunkle Materie', ein Geistphänomen der Materie, ist überall in unterschiedlichen Ausmassen vonnöten, um den Zusammenhalt der kosmischen Gebilde verstehen zu können, wenn es denn einen solchen geben soll. Um Galaxien zusammenzuhalten, um Galaxienhaufen zusammenzuhalten, um das Weltall zusammenzuhalten! Überall hilft nur eine dunkle ‚Ad-hoc-Materie'. [1] *"*

Diese „Ad-hoc-Materie" muss nun herhalten, um den schlichten Umstand zu verdecken, dass die Massenanziehungshypothese der herrschenden Physik immer wieder in Kollision gerät mit der beobachtbaren Wirklichkeit der Phänomene. Mittlerweile kann als sicher gelten: Diese Hypothese ist unhaltbar. Dazu habe ich mich eingehend geäußert.[2]

Die Missverständnisse der Raum-Energie

Die Leere des Weltraums, von der oben die Rede war, als die komplette Abwesenheit von Leben, Bewusstsein und Weltseele, wird nun angefüllt mit abstrakten Schemen. Deren bekannteste und von Vielen auch spirituell interpretierte sind das „Quantenvakuum" und die „Quantenfluktuationen", die nun für alles herhalten müssen; sie werden zur quasi-göttlichen schöpferischen Potenz. Dass man „Vakuumenergie" oder „Raumenergie" von ganz anderen Prämissen aus deuten kann, und zwar auf lebendige, integrale und dezidiert nicht-reduktionistische Weise, ist von mir vorgeführt worden.[3]

Wer vom Willen der Erde spricht, was ja (wenn es nicht eine bloße poetische Metapher sein soll) das Heimatgestirn als kosmisches Lebewesen voraussetzt, muss auch von den Gestirnen überhaupt reden. Geschieht dies nicht oder wird der Erde allein der Rang zugesprochen, ein großer Organismus zu sein (wie in der populären Gaia-Hypothese von James Lovelock), entsteht leicht ein neuer, nur jetzt anderer Geozentrismus: Wieder wird die Erde zur Ausnahme, zum, im kosmischen Maßstab, nicht-typischen Himmelskörper.

Dem kann man nur entgehen, wenn, wie Giordano Bruno annahm, im Prinzip überall intelligentes Leben möglich ist, in welcher Erscheinungsform auch immer (und vielleicht unseren Erkenntniskategorien grundsätzlich entzogen).[4]

Überall? Hier macht sich sofort Skepsis breit. Wie soll das möglich sein? Schließlich werden doch die „Sterne" als glühende Wüsten, als thermonukleare Hexenkessel imaginiert. Und hat nicht die Helioseismologie, als wichtiges Werkzeug zur Erforschung des Sonneninneren (und damit des Inneren der „Sterne"), zuletzt durch die Sonde „Soho", fulminante Erfolge erzielt? Kann man ernsthaft bezweifeln, dass die Astronomen und Astrophysiker, wenigstens im Grundsätzlichen, wissen, was es mit der Sonne und dem Sonnenlicht auf sich hat oder „wie die Sonne (physikalisch) arbeitet"?

Man kann. Und es gibt zunehmend kritische Stimmen, die auf die durchaus tönernen Füße des Standardmodells der Sonne verweisen.[5] Wir haben gute Gründe, die Hypothese zu bezweifeln, dass die Sonne ihre Energie aus den bekannten Kernfusionsprozessen bei extrem hohen Temperaturen bezieht.[6] Der dauerhafte und gleichmäßige Lichtstrom, den wir empfangen, ist jedenfalls mit dem Standardmodell, der „Sonnenofenfiktion", nicht wirklich und überzeugend zu erklären. Auf diesem Standardmodell aber beruht sowohl die Elementarteilchenphysik als auch die monströse Urknall-Kosmologie. Wer den Urknall kritisiert, müsste und sollte hier ansetzen. Hier ist die eigentliche „heiße Stelle". Und das ganze Thema ist wie kaum ein anderes mit Tabus und Denkverboten umstellt. Aber das ist nicht der Gegenstand dieses Essays.

Von der Logik der Selbstausrottung

Was ist die Erde? Was ist die Sonne? Was sind die Gestirne überhaupt? Wohin blicken wir, wenn wir „nach oben" oder „in den Himmel" sehen? Das sternenübersäte Firmament – ist es mehr als nur eine Ansammlung von Lichtpunkten, die uns nichts angehen, da und dort vielleicht zu Sternbildern gruppiert, die rein mythologisch sind? Ist es mehr als ein gigantisches Spektakel, eine blinde und sinnleere Kulisse, ein Abgrund der Leere, in dem glühende Gaskugeln schweben bzw. umeinander herumfallen, von denen die eine oder andere von Planeten umkreist sein mag? Kurz: Wo sind wir? Was ist das für ein Ort, an dem wir leben?

Der Wille der Erde hängt damit zusammen, muss damit zusammenhängen, dieses rätselhaften Gestirns unter unseren Füssen, das uns trägt und von dem wir, bei Licht besehen, erschütternd wenig wissen. Wäre dies anders, würden wir nicht bestrebt sein, sie zur Wüste zu machen. Und dass genau dies unausgesetzt geschieht, aller vollmundigen Reden ungeachtet, liegt offen zutage. Die „Logik der Selbstausrottung" (Rudolf Bahro) herrscht nahezu ungebrochen. Woran liegt das, und was hat unser sogenanntes Weltbild damit zu tun? In meinem Buch „Was die Erde will" bin ich diesen Zusammenhängen nachgegangen, wobei ich von dem Gedanken geleitet wurde, dass innere Kosmologie und äußere Kosmologie zwei Seiten einer Münze sind.

Der Kosmos ist eine (meist undurchschaute) Projektionsfläche, ein gewaltiger Spiegel, in dem der Mensch primär sich selbst erblickt. Alle theoretischen Konstrukte über Weltall und Erde haben einen stark projektiven Charakter. Das heißt die Phänomene werden entlang von Prämissen gedeutet, die tief in der jeweils herrschenden Bewusstseinsverfassung verankert sind. Eine Bewusstseinsverfassung, die in der letzten Konsequenz auf die totale technische Weltbemächtigung und damit auf die Verwüstung des Planeten ausgerichtet ist, wodurch sich ihre Abgespaltenheit von allen wirklich lebendigen Gestalten und Prozessen bekundet, wird kaum in der Lage sein, nun „draußen im All" brausendes Leben und kosmische Intelligenz wahrzunehmen. Deswegen ist der Urknall, sind die glühenden Gashöllen, ist die Geisterbahn der schwarzen Löcher (die „Sternenfresser" sind) und vieles mehr so populär. Es sind Heraussetzungen einer bestimmten kollektiven Bewusstseinsform. Mit dem eigentlichen und wirklichen Kosmos haben diese Phantasmagorien nichts zu tun. Viele der herrschenden Theorien, allen voran die Einsteinsche, sind nicht nur zirkelhaft gebaut (bzw. basieren auf Zirkelschlüssen), sondern sind zugleich und wohl primär „epochaler Natur", das heißt Ausdrucksformen einer epochalen Bewusstseinsstruktur, eben der technisch-mentalen. Wird diese nicht in der Tiefe aufgebrochen oder überschritten, ist alles vergeblich, bleibt alles Gerede über eine andere Kosmologie eben dies – Gerede.

Es ist nicht damit getan, das eine oder andere Experiment (etwa Michelson-Morley) nun anders und „besser" zu interpretieren, obwohl auch das sinnvoll und notwendig ist, wenn der stahlharte Block der technisch-mentalen Bewusstseinsform das bleibt, was er ist: ein lebensfeindlicher Moloch, der uns alle in den Untergang reißen könnte. Dieser Block ist der Tod der Erde und aller feineren, sublimeren Wahrnehmungen unserer selbst und des

Kosmos.

Wie kommen wir in eine höhere oder integrale Bewusstseinsform hinein, aus der heraus allein das erwachsen kann, was ich als „andere Naturwissenschaft" bezeichne? Ein andereres Mentalprojekt mag interessant sein und auch intellektuell anspruchsvoll, – substantiell ändert es nichts. Der Erdenmensch bleibt der „Idiot des Kosmos". (Sloterdijk), zu dem er sich selbst gemacht hat.[7]

Zwei fundamentale Fragen

In meinen Büchern „Was die Erde will" und „Räume, Dimensionen, Weltmodelle" habe ich, auf je verschiedene Weise, zu zeigen versucht, wie das ganze Thema Mensch-Erde-Kosmos von dieser höheren oder integralen Bewusstseinsform aus anzugehen ist. Das führt zu einem grundstürzend neuen und anderen Blick auf das uns tragende Gestirn, zu einer grundstürzend neuen und anderen   Naturphilosophie/Kosmologie/Bewusstseinstheorie. Ich will dies an zwei Fragen erläutern, denen gegenüber die Mainstream-Naturwissenschaft auf ganzer Front versagt hat:

1. Was hält die Erde im Raum?
2. Was hält die Erde zusammen?

Beide Fragen wirken naiv, es sind fast Kinderfragen; gleichwohl tut sich ein Abgrund in ihnen auf. Sie sind, buchstäblich, bodenlos. Beide Fragen kleben aneinander: Sie sind fast eine Frage. Wenn ich weiß, was die

Erde im Raum hält, weiß ich auch, was sie zusammenhält. Also?

Eine kurze Notiz im „Spiegel" Nr. 18/2000 deutet auf
diesen Abgrund, zugleich auf das komplette Versagen
der orthodoxen Physik. Unter der (geschmacklosen)
Überschrift „Abgespeckte Erde" heißt es:

*„Die Erde ist leichter als bislang angenommen. Dies hat
der Physiker Jens Gundlach von der Universität Wa-
shington ermittelt. Bislang gingen Experten (!) davon
aus, dass der Blaue Planet 5,98 Trilliarden Tonnen auf
die Waage bringt (!!). Mit einem hoch empfindlichen
Apparat, der Gravitationskräfte misst, und Satelliten-
daten konnte Gundlach nun zeigen, dass der alte Wert
um gut ein Promille zu hoch angesetzt war. Die winzige Messkorrektur entspricht rund 10 Trillionen Tonnen. Zum Vergleich: Der ferne Planetenzwerg Pluto
wiegt nur rund 13 Trillionen Tonnen."*
(Ausrufungszeichen von J. K.)

Wen hier kein Schwindel befällt, dem ist gleichsam
nicht zu helfen. Und es ist zu befürchten, dass die meisten Leser dieser Zeilen gar nicht bemerken, welche Absurdität ihnen hier geboten wird, sind doch elementars-
te Fragen und Wahrnehmungen im herrschenden kollektiven Bewusstsein fast völlig verschüttet worden.
Auch im Kontext der Mainstream-Naturwissenschaft ist
die Vorstellung eines „Gewichts" der Erde oder eines
beliebigen anderen Gestirns unsinnig. Gleichwohl taucht
diese Vorstellung selbst in Physik-Lehrbüchern gelegentlich auf; sie ist also nicht nur „Journalisten-Jargon".
Dass der angegebene Differenzwert von 10 Trillionen

Tonnen keineswegs eine „winzige", sondern eine recht erhebliche „Messkorrektur" ist (wenn man das Ganze, selbst „mainstream-konform", in seinen Konsequenzen durchdenkt), kann hier unberücksichtigt bleiben.

„Gewicht" ist ein Relationalbegriff; ein Körper ist nur schwer (oder hat nur Gewicht), weil er sich im Einflussbereich eines Gravitationsfeldes befindet, dessen Stärke dann u. a. die messbare Größe des Gewichtes bestimmt. Also selbst wenn die Erde als Ganzes ein beliebiger Körper wäre, wie etwa eine Billardkugel oder ein Stein hier auf der Erdoberfläche, hätte sie kein Gewicht, das man als absolute Größe fixieren könnte.

Zwischen Masse und Gewicht

Nun unterschieden die Physiker zwischen Masse und Gewicht. Und auch der wohlwollende Betrachter der orthodoxen Wissenschaft sieht sich hier binnen Kurzem in einen Irrgarten der Paradoxien und der Zirkelschlüsse verstrickt. Bis zum heutigen Tage haben die Physiker keine Klärung in diese Begrifflichkeit hineingebracht. So ist eine unsägliche Verwirrung entstanden, ein Nebel, der kaum noch zu lichten ist. „Masse ist ein erkenntnistheoretisches, logisches und physikalisches Gespenst, wie ich an anderer Stelle eingehend analysiert habe.[8] Eine „Massenanziehung" in dem allgemein behaupteten Sinne gibt es nicht; jedenfalls ist sie niemals zirkelfrei bewiesen worden. Das führt auf die Grundfrage, was denn die eigentliche und wahre Ursache der Anziehungskraft ist, die die Erde auf die auf ihrer Oberfläche befindlichen Körper ausübt (um zunächst nur diesen Geltungsbereich heranzuziehen).

Da liegt ein Mysterium verborgen, gleichsam eine gnadenlose Sphinx, die alle diejenigen in den Abgrund stürzt, die ihr Rätsel nicht lösen können. Und dies ist geschehen! Der Abgrund wird verdeckt durch die Präzision des mathematischen Formalismus, die den „Laien" blendet, weil er die Voraussetzungen nicht durchschaut, auf denen das Ganze beruht.

Ein Großteil der Physik überhaupt ist so etwas wie mathematisierter Okkultismus; man mathematisiert Qualitäten, die in ihrer Wesensnatur völlig dunkel bleiben. Dunkler als alle anderen Qualitäten – ja gleichsam das Dunkel schlechthin für die Mainstream-Sicht – ist die Schwere. Newton litt noch darunter, dass er den Grund der Schwere nicht angeben konnte; heute beunruhigt das kaum noch jemanden, obwohl die Schwachstellen des schulphysikalischen Umgangs mit dem Phänomen Gravitation gleichsam auf dem Tablett liegen.

Am augenfälligsten ist die (dogmatische) Leugnung des Äthers als des unverzichtbaren Übertragungsmediums der Schwerewirkungen. Andererseits kranken die meisten der im „alternativen Spektrum" favorisierten Äthertheorien daran, dass sie den Äther entweder quasi-materialistisch bzw. mechanistisch („grobstofflich") behandeln oder ihn aus quantentheoretischen Postulaten heraus entwickeln wollen (Stichwort: „Quantenvakuum"), die ihrerseits abstrakt-spekulativ sind.

Gravitation als zentralsymmetrisches Feld

Die von mir entwickelte „Gravitationstheorie", die Gedanken Giordano Brunos, Schellings, Faradays und Helmut Krauses aufgreift und weiterentwickelt, berührt zentral den Willen der Erde oder, wie ich mit Schopenhauer, Krause und der Vedanta-Philosophie sage, den „Weltwillen". Die Gestirngravitation, wie Bruno als erster zu denken versuchte, ist ein radiales oder zentralsymmetrisches Feld, und zwar bis in die tiefsten Tiefen des Gestirns hinein, bis zum Gestirnmittelpunkt, wo sich die gravitativen Wirkungen in sich selbst (und gegeneinander) aufheben. In meinen „15 Thesen zu Ursprung, Wesen und Wirkung der Gravitation" (in: „Räume, Dimensionen, Weltmodelle") heißt es (Beginn der 2. These):

„Die gravitative Wirkung des Gestirnganzen erfolgt gemäß der Grundform des Feldes. Dieses Feld ist ein Radialfeld, und zwar vollständig und buchstäblich bis hinab zum Mittelpunkt des Gestirns. Die zunehmend dichtere Bündelung der Strahlung Richtung Gestirnmittelpunkt ist keine Als-ob-Verdichtung, sondern eine wirkliche Verdichtung des Radialfeldes ... Dies widerspricht der seit Newton bis heute herrschenden Lehrmeinung.

Newton meint in den ‚Principia': ‚Die Schwere nimmt auf dem Weg von der Oberfläche des Planeten nach innen in möglichster Annäherung im Verhältnis der (jeweiligen) Abstände vom Mittelpunkt ab.' Diese Behauptung folgt aus der These von der gravitativen Wechselwirkung aller materiellen Teilchen miteinander, sodass die Anziehung der Erde sich ergibt aus der Summe aller in ihr zusammengeballten Korpuskeln. Das Radialfeld als ein vollständig wirkliches Gestirnfeld bedingt eine ihm entsprechende Zunahme der gravitativen Wirkung mit Annäherung an den Gestirnkern. Die Materie erfährt zunehmend größere Drücke, die atomaren bzw. subatomaren Bewegungen beschleunigen sich proportional ...“ [8]

Und zu Beginn der 4. These heißt es:

„Die radiale Zerstrahlung der Materie im Gestirnkern (die beiläufig zu einer Revision unserer Modelle über den Gestirnaufbau nötigt) mit der Wirkung, dass alle Körper Richtung Erdzentrum gezogen werden, hat zur Folge, dass sich alle Radien wechselseitig in ihrer Schwerewirkung aufheben. Wenn die Grundprämisse stimmt, ist dies schon aus logischen und physikalischen Gründen zwingend. So wird das Gestirnganze, als ein Ganzes im Weltraum, seiner Materialität entkleidet und damit spiritualisiert. Das Schweben der Gestirne – schwereentrückt, geistergleich im leeren Raum – zeigt, dass hier auch der Universalbegriff der Masse nicht mehr greift.“ [9]

Was also hält die Erde im Raum? Eben das Radialfeld, der aus ihrem Kern verstrahlende „Weltwille“, die primordiale Energie, die alle Eigenschaften enthält (und zugleich überschreitet), die man früher dem Äther zugeordnet hat. Daraus ergeben sich weitreichende Konsequenzen, u. a. die, dass die Bewegung der Himmelskörper nicht mehr als Umeinander-Herumfallen gedeutet werden kann.[10] Genauer betrachtet, war diese Denkfigur immer absurd, ist aber nur von den wenigsten durchschaut worden. Zu diesen gehört der bereits erwähnte Astrophysiker Hans Jörg Fahr. In seinem erhellenden Buch „Der Urknall kommt zu Fall. Kosmologie im Umbruch" schreibt er:

„Jeder antriebsfrei fliegende, ohne zwangskompensierte Kräfte sich bewegende Körper im nahen und fernen Weltall befindet sich in einem solchen frei fallenden, gravitationsfreien Eigensystem. Das heißt aber eigentlich so viel wie die Ungeheuerlichkeit, dass sich alle Körper im Weltall, von sich aus beurteilt, in einem gravitationsfreien System befinden, sofern sie nicht von einem anderen System geführt, getragen oder gestützt werden. Woher kommt dann aber die Gravitation überhaupt ins Weltall, wenn jeder der freien Körper dieses Weltalls frei (und damit gravitationsfrei) im Kosmos herumfällt?" [11]

Wer sich der Mühe unterzieht, das mitzudenken, wird zugestehen, dass hier eine der zentralen Schwachstellen der herrschenden Gravitationslehre (und der kosmischen Bewegungslehre) auf den Punkt gebracht wird. Denn im Sinne der schulphysikalischen Lehre liegt hier ein quälendes Paradoxon vor, das auch mit der Frage zu tun hat, was die Gestirne im Raum hält. Wenn die Gestirne – wie beliebige, zu einer Gestirnoberfläche gezogene Körper – auf diese primitive Weise schlicht umeinander herumfallen (und genau dies wird ja unterstellt), hält sie als sie selbst nichts im Raum! Jeder, der das Problem vorurteilsfrei durchdenkt, müsste schnell zu der

Schlussfolgerung geführt werden, dass dies unmöglich ist. Das zeigt sich schon an der Schwierigkeit, das adäquat sprachlich zu beschreiben, was die Gestirne im sogenannten leeren Raum „tun". Schweben sie, hängen sie, oder was?

In meinem Buch „Räume, Dimensionen, Weltmodelle" findet sich eine „Gaia-Meditation über Schweben und Schwere", die hier zitiert werden soll, weil sie die Möglichkeit eröffnet, in eine vertieftere Betrachtung des Rätsels der Gestirngravitation hineinzugeraten. Gedankliche Meditationen der nachstehenden Art sind durchaus geeignet, die Subjektblindheit der Naturwissenschaft zu überschreiten (wie mir durch etliche Leser meines Buches bestätigt wurde).

Eine Gaia-Meditation über Schweben und Schwere

„Nehmen Sie eines der bekannten Fotos der Erde (= Gaia) aus der Sicht der Astronauten, wenn möglich ein großformatiges. Es wird zunächst schwierig sein, die kollektive Vernutzung und Trivialisierung dieser Ikone zu vergessen, die alle feineren Wahrnehmungsschichten verschüttet hat. Aber es ist möglich. Versuchen Sie, die ‚astronautische' Perspektive, die eine solche des Außen und des Draufblickens ist, zu verschieben zugunsten einer Art ‚psychonautischer' Perspektive, also eine solche des Innen, ohne jedoch das Äußere, das heißt das Abbild von Gaia, dabei auszublenden. Es geht zentral um eine Zusammenführung von Innen und Außen, von Wesen und Erscheinung, Idee und Gestalt, im Sinne Goethes also

um ein anschauendes Denken oder denkendes Anschauen, das immer auch Meditation ist, wenn es in eine gewisse Tiefe reicht.

Ganz offenbar schwebt die Erde, sie hängt frei im Raum; und das so direkt wahrzunehmen hat viele Astronauten verblüfft, irritiert, ja erschüttert (wenigstens kurzzeitig), obwohl sie es theoretisch-abstrakt ja ‚wussten‘. Es ist wichtig, sich dieser Verblüffung, Irritation oder gar Erschütterung, und sei es nur für wenige Minuten, existentiell zu stellen, sich von ihr wirklich verwunden zu lassen; denn es ist eine Verwundung, auch wenn es kaum je als eine solche gesehen und gewertet wird.

Dieses Schweben der Erdkugel im leeren Raum (also ‚nicht von Seilen gehalten‘) widerlegt den naiven, an die eigene Physiologie gebundenen Wirklichkeitssinn, der da sagt: Hier ist die Erde unter meinen Füßen, und diese Erde zieht mich an, mein Körper hat Gewicht und Festigkeit. Das Schweben der Erdkugel (und auch das bestätigen Astronauten-Eindrücke) nimmt ihr ihre Festigkeit, ihre Dichte, ja ihre Materialität – eine Materialität, an der doch von der unmittelbaren Sinnlichkeit der Erdoberfläche aus nicht zu zweifeln ist. Die schwebende Erde wird zart, wie durchscheinend; sie wird spiritualisiert, und zwar auf eine durchaus rätselhafte Weise. Dass dies so ist, macht ja gerade den Ikonencharakter der Gaia-Photos aus; gerade das wird ja gesucht durch alle Vernutzung und Trivialisierung hindurch.

Im Prinzip ist es möglich, sich auch durch den Anblick der Sonnenscheibe oder der Mondscheibe derart verwunden zu lassen (Sonne und Mond wirken von der irdischen Perspektive aus stärker als runde Fläche bzw. Scheibe als die Erde aus der Sicht der Mondbesucher; wir nehmen weder den Mond noch die Sonne als Kugel wahr). Dem steht jedoch die Prägekraft der Gewöhnung entgegen; es fehlt die – wohl notwendige – Verfremdung.

Das Schweben der Erde im leeren Raum, der völlig schwarz aussieht, macht die Erde also zu einem spirituellen Wesen bzw. kann die Erde in einem kurzen, aufblitzenden Ahnen zu einem spirituellen Wesen machen. Dieses spirituelle Wesen, so fühlt oder ahnt oder weiß man gar, hat nichts zu tun mit allem, was die Erdenschwere für uns ausmacht und das Sein wie die Bewegung der Körper auf der Erdoberfläche bestimmt. Und in einem nächsten, entscheidenden Schritt, wenn er denn zugelassen wird, kann gefolgert oder ahnend erfasst werden, dass auch die Bewegung des Gestirns primär mit dieser spirituellen Qualität zu tun hat, keineswegs also gleichgesetzt werden kann mit dem flachen Kieselstein, der, in einem bestimmten Winkel geworfen, die Wasseroberfläche entlanghüpft. Doch diese Schlussfolgerung widerspricht der durch Newton vorgenommenen Vereinheitlichung von irdischer und himmlischer Mechanik. Der ‚Newtonianer‘ in dem modernen Menschen verhindert, dass an dieser wichtigen Stelle weitergeforscht wird; wer die Antworten zu haben glaubt, ist in der Regel nicht geneigt, noch einmal neu und unbefangen zu fragen. Aber hier wäre durchaus zu fragen.

Die als spirituelles Wesen erkannte Erde, der dann auch, und zwar notwendig. Bewusstseinsqualitäten zugeordnet werden, bewirkt, dass die Körper auf ihrer

Oberfläche schwer sind oder Schwere haben, aber sie selbst ‚weiß nichts davon'. Was immer auch an Last von vielen Trillionen Tonnen in den Aussenschichten der Erdkugel aufgetürmt oder angelagert ist und nun Richtung Erdmittelpunkt drückt, das Ganze der Erdkugel wird davon, wie es scheint, gar nicht tangiert. Irgendwie verschwindet die Schwere, irgendwie (und irgendwo) löst sich alle ‚Plumpheit' und Materialität, alle Grobstofflichkeit der Körper auf.

Wer den Gegensatz von Schwere (der Erdschichten zum Erdmittelpunkt hin) und Schweben (des Erdganzen im Raum) begreift, hat den Schlüssel zum Rätsel der Gravitation. Dieser Gegensatz ist zugleich ein Paradoxon im Sinne des Zen; er ist ein integraler Teil des Wurzel-Koans der Physik. Und eine nachdenkliche, meditative Betrachtung von Gaia aus astronautischer Sicht, wenn auch nur über ein Abbild vermittelt, ist durchaus geeignet, das mechanistische Denken über die Schwere auszuhebeln. Ein ‚kleines Satori' wenn dies nicht ein Widerspruch in sich ist, kann durch eine Gaia-Meditation der umrissenen Art ausgelöst oder wenigstens vorbereitet werden.

Wer nun mit Newton und mit Einstein ‚weiß', dass und wie sich der Gegensatz von Schwere und Schweben auflösen lässt, wird hier nicht mitgehen können oder wollen. Als ‚Fragezeichen für solche, die Antwort haben', hat Nietzsche einmal formelhaft ein wesentliches Anliegen seiner Texte umschrieben. Ein derartiges Fragezeigen liegt hier verborgen. Alle Antworten, die in der Mainstream-Wissenschaft darauf gegeben werden (es sind nur wenige), umgehen das Problem und lösen es nicht. Daher der Versuch dieser kleinen meditativen Reflexion.

Was wird mit der Schwere, warum verschwinden die enormen Massen, die doch machtvoll und ‚plump‘ in Richtung Erdmittelpunkt gezogen oder gepresst werden? Darauf gibt es nur eine auch logisch zufrieden stellende Antwort, die Giordano Bruno als Erster gegeben hat: Die Schwere verschwindet, weil alle Kraftvektoren Richtung Zentrum sich gegenseitig aufheben. Jeder Schwerkraftvektor bzw. jede Radiallinie des Schwerefeldes hat ihren – ihm oder ihr genau entgegengesetzten – Widerpart. Die Schweregleichung der Erde wird nach Null hin aufgelöst. Bruno ahnte, dass dieser Nullwert keine Negation, also kein Verschwinden im Sinne von Versickern oder von äußerster Verdünnung darstellt, die irgendwann die Nullgrenze erreicht, sondern dass der Nullwert im Gestirnzentrum ein solcher der göttlichen Fülle ist, der äußersten Verdichtung, die das Göttliche berührt, ja ist.

Im ‚göttlichen Nullpunkt‘ verdichtet sich alles Materielle, um zugleich ins Unendliche zu zerstrahlen, sich ins Göttliche aufzulösen. Schelling und Hegel scheinen dies, zeitweise wenigstens, geahnt zu haben, daher ihr wiederholter Hinweis darauf, dass Schwere im Kern ein Streben der Vielheit zur Einheit, zu dem Einen bedeutet.

Was hält die Erde schwebend?

Was also hält die Erde schwebend und hängend im leeren Raum? Der ‚göttliche Nullpunkt‘ im Erdenzen-

trum; über diesen Nullpunkt wird die Erde, wie jedes ihr analoge Gestirn, dem Raum fest und sicher verbunden. Was hält die Erde im Raum? Der (göttliche) Weltwille durchdringt jede Materieschicht, abgeschirmt oder eingeschränkt wird er nur durch sich selbst! Nur wenn Weltwille auf Weltwille stößt, das Radialfeld des einen auf das Radialfeld des anderen Gestirns, wird in der Wandlungszone, die dann entsteht, das subtile Wechselspiel, der Tanz der Himmelskörper (miteinander und gegeneinander) geboren, ein durch und durch schwerentrückter Tanz, ein Lied gleichsam der Felder, ein Tönen ‚nach alter Weise‘ und ‚n Brudersphären Wettgesang‘ (wie es im ‚Prolog im Himmel‘ zum ‚Faust‘ heißt). Die ‚Symphonie des Lebendigen‘, um einen Buchtitel von Friedrich Cramer aufzugreifen, ist nicht nur in der irdischen Biosphäre anzutreffen, sondern auch ‚draußen im All‘, wo eisige, lebensfeindliche Leere unterstellt wird ...“ [12]

In dem Buch „An der Zeitmauer“ aus den späten 50er Jahren schreibt Ernst Jünger:

„Die Erde will in ihrem vollen Umfang, mit Kern und Schale, will in ihrer Beseelung erkannt werden. Dazu sucht sie Geister, die ihre Schlüssel sind.“ [13]

Das ist weitreichend und verdient durchaus, in Gänze ernst genommen zu werden. Neben dem „Weltwillen“, als einer aus der Tiefenerfahrung gewonnenen anderen Bezeichnung für den eher formalen Begriff des Radialfeldes, ist der Wille der Erde (im Sinne meines Buches „Was die Erde will“) der Drang des kosmischen Lebewesens, das wir als den uns tragenden Planeten begreifen, sich über uns und durch uns zur ERDE zu transformieren. Mit Novalis betrachte ich den Menschen als ein kosmisches Organ der Erde. Der zum kosmischen Bewusstsein gesteigerte Mensch, der alles Biologisch-Irdische übersteigt (aber zugleich integral enthält), wird zum „Schlüssel der Erde". Dieser Mensch erkennt die Erde, und zwar „in ihrem vollen Umfang", und ist nur so in der Lage, mit ihr auf ganzheitliche und lebendig-existentielle Weise in Kontakt zu treten. Auf Bemühungen dieser Art beruht jede Geomantie, die diesen Namen verdient.

Erst in diesem lebendig-existentiellen Kontakt mit der Erde wird der Abstraktionismus, der in Subjektblindheit oder Subjektvergessenheit wurzelt, wirklich und dauerhaft überwunden. Demgegenüber ist jeder nur mentale Diskurs über Theorien und Weltbilder müßig. Alle Erfahrungen bisher zeigen dies auf unmissverständliche Weise.

In der thesenartigen Zusammenfassung am Ende von „Was die Erde will" heißt es (These 9.):

„Wir müssen zentral beim Menschen ansetzen. Eine wirklich ganzheitliche Anthropologie zeigt den Menschen als holarchisch gestuftes oder geschichtetes Wesen. So erscheint er auch in allen relevanten spirituellen Strömungen. Der Mensch ist ein ‚Mesokosmos' (= mittlerer Kosmos), der Erde und Himmel (Geist-Kosmos) verbindet bzw. integriert. (...)

Eine ... alle Ebenen/Dimensionen der menschlichen Existenz umschließende Anthropologie ist der Schlüssel zum Verständnis von Natur und Kosmos. Jeder Reduktionismus, insbesondere der naturwissenschaft-

lich-technische, ist Teil und Symptom der Katastrophe.
Der Mensch – der ganze, ungeteilte oder integrale
Mensch – ist der Schlüssel und die Achse der Weltent-
wicklung." [14]

* * *

„Die Naturwissenschaft neigt dazu,
die Fragestellung
zu vergessen oder zu verdrängen,
aus der sie einst erwuchs.“

„Der eklatante Wirklichkeitsverlust
der Naturwissenschaft
führt langfristig zur
Zerstörung der Wirklichkeit.“

22 Thesen zur herrschenden Naturwissenschaft

Oder warum eine andere Naturwissenschaft notwendig ist.

Jochen Kirchhoff ist mit Erwin Chargaff wohl der fundamentalste und zugleich fundierteste Kritiker der orthodoxen Naturwissenschaft, der raum&zeit bekannt ist. Im August dieses Jahres [1999] wird beim Diederichs Verlag in München sein Buch „Räume, Dimensionen, Weltmodelle. Impulse zu einer anderen Naturwissenschaft" erscheinen. In ihm wird Jochen Kirchhoff nicht nur seine fundamentale Kritik ausführlich begründen, sondern er wird auch zeigen, wie eine schöpferische, nicht-reduktionistische Naturwissenschaft aussehen könnte. Die Kritik Kirchhoffs an der herrschenden Naturwissenschaft deckt sich weitgehend mit Ansichten, die seit Jahren von unabhängigen Wissenschaftlern und vom Herausgeber dieser Zeitschrift in raum&zeit vertreten werden. Deshalb hat der Autor uns seine 22 Thesen, warum eine andere Naturwissenschaft notwendig ist, zur Veröffentlichung zur Verfügung gestellt. Diese Thesen sind das Treffendste und Pointierteste, das raum& zeit an Wissenschaftskritik bisher bekannt wurde (siehe auch Quellen: „Urknall' und Hiroshima gehören engstens zusammen" von Jochen Kirchhoff).

Vorbemerkung

Mit Naturwissenschaft ist hier primär die abstrakte Naturwissenschaft der Neuzeit gemeint. Diese (abstrakte oder mathematische) Naturwissenschaft ist „der harte Kern der neuzeitlichen Kultur", „ihr ständig wachsendes Stahlskelett" (Carl Friedrich von Weizsäcker). Daß heute etwa die Biologie „stofflicher" ist als die Physik und sich weitgehend an einem Wissenschaftsmodell orientiert, das die Quantentheorie überwunden zu haben meint (in ihrem „holistischen" Grundverständnis), ist sekundär. Es geht um das „Stahlskelett" und dieses scheint auch, modifiziert und ins „Feinstofflich-Mathematische" verdünnt, durch die Axiome der Quantentheorie hindurch. Im Übrigen gehöre ich nicht zur Gruppe der „Quantenmystiker"... Naturwissenschaft und Naturphilosophie sind für mich fast austauschbare Begriffe. Ich greife damit auf einen Sprachgebrauch zurück, wie er noch in Newtons Hauptwerk zutage tritt („Mathematische Prinzipien der Naturphilosophie") und später aufgegeben wurde.

Der Begriff Naturwissenschaft meint die abstrakte/technische/mathematische (funktionalistische) Naturwissenschaft seit Galilei, eben das „Stahlskelett".

These 1

Die Naturwissenschaft ist im Kern tot. Leben im eigentlichen Sinne kommt in ihr nicht vor (ist gleichsam nicht vorgesehen, weil es schlicht stört). Vor dem Leben versagt die Naturwissenschaft. Lewis Mumford in seinem Buch „Der Mythos der Maschine":

*„Durch seine ausschließliche Konzentration auf Quan-
tität hat Galilei im Endeffekt die reale Welt der Erfahrung disqualifiziert, und er hat auf diese Weise den
Menschen aus der lebenden Natur in eine kosmische
Wüste vertrieben."*

These 2
Die Naturwissenschaft verfährt reduktionistisch, auch
die Quantentheorie und die Systemtheorien (wenngleich
auf eine eher subtile Weise).

Sie führt das Lebendig-Seiende auf toten Formalismus zurück, dem sie durch einen Zauberstab Geist ein-
haucht (Stichwort: Platonismus). Leben und Welt bis
auf ihren abstrakten Grund zu entleeren, gilt als höchs-
tes Ziel. Auf der Suche nach dem „endgültig Realen"
(Max Planck) setzt die Naturwissenschaft auf die mathematische Form und nur sekundär auf den Stoff, die
Materie oder Energie. Das Pfingsten der Naturwissenschaft wäre die Weltaufhebung durch die Weltformel!
Ihr technisch bestimmtes Neues Jerusalem ist der fleisch-
befreite und ewige abstrakte Geist. Es ist „Atman-Projekt"
(Ken Wilber) und Erlösungssuche auf der technischen
Bewusstseinsebene.

These 3
Die Überbetonung des mathematischen Formalismus
und des abstrakten (toten) Geistes ***führt zur zunehmenden Negierung*** oder, bescheidener, Geringachtung
der eigentlich ontologischen Fragen: der nach der
wirklichen Natur, dem „Wesen" des derart Vermessenen
und Entleerten. Schon in Florenz (Galilei) war Kopenha-
gen („Kopenhagener Deutung der Quantentheorie", Ab-

solutsetzung des mathematischen Formalismus: „dahinter ist nichts").

These 4
Die Naturwissenschaft neigt dazu, die Fragestellung zu vergessen oder zu verdrängen, aus der sie einst erwuchs: das, was ich die „Kopernikanische Herausforderung" nenne. Diese Herausforderung war keine primär mathematische, sondern eine ontologische: Hat Kopernikus recht oder nicht, dreht sich die Erde wirklich um die Sonne? Es ging um Wirklichkeit, nicht um das bessere Rechensystem (Kopernikus hatte zunächst das schlechtere!).

These 5
Naturwissenschaft ist weitgehend subjektblind oder subjektvergessen. Das Forschersubjekt ist nicht der lebendige Einzelne (schon gar nicht: die lebendige Einzelne, die man/Mann gleichwohl nicht entbehren kann), sondern ein anonymes „man", ein abstrakter Archetypus, den jeder einschlägig Geschulte auszufüllen vermag. – Die Quantentheorie hat das Augenmerk gerichtet auf die erkenntnistheoretische Frage der (wie immer gearteten) Teilhabe oder Teilnahme des Beobachters am Quantengeschehen, hat die Frage von Subjekt und Bewusstsein aber genauso wenig zum integralen Teil ihres Ansatzes gemacht. Gerade weil dies auch hier nicht geschehen ist, sind die bekannten Paradoxien bis dato ungelöst und können Spekulationen aller Couleur Platz greifen („Quantenmystik" als schlechte Metaphysik).

These 6

***Die Naturwissenschaft kann Bewusstsein nicht erklä-
ren***, sie versagt hier auf ganzer Linie, muss auch versagen, weil Bewusstsein, weil lebendiger Geist, lebendige
Individualität in den bislang bekannten und mehr oder
weniger absolut gesetzten Naturgesetzen gar nicht vor-
kommen. Roger Penrose verweist seit Jahren vehement
auf diesen Punkt (obwohl sein eigener Lösungsversuch
des Problems nur wenige überzeugt). Ich sage – mit
Penrose, wenn auch in ganz anderer Akzentsetzung und
von ganz anderen Prämissen aus – , dass wir „zum Verständnis von Geist und Bewusstsein eine neue Physik
brauchen" und dass die gegenwärtige Physik keine zu-
reichende Beschreibung der wirklichen Welt darstellt.

These 7

***Die Naturwissenschaft neigt dazu, die Seinsebenen
zu verwechseln*** (als Folge ihres platonistischen Ansatzes); sie verkennt den hierarchischen Aufbau der Seinsebenen, lebendiges Bewusstsein ist eine höhere Ebene
als purer Bios, dieser Bios ist eine höhere Ebene als
Materie/ Energie ... Die Naturwissenschaft befasst sich
mit dem Bodensatz bzw., in anderer Metaphorik, mit
der bloßen Haut der Dinge. In letzter Konsequenz sollen „Zauberflöte" und „9. Sinfonie" quantentheoretisch-
mathematisch verständlich werden, auch wenn dies so
brutal-direkt selten ausgesprochen wird

These 8

***Die Naturwissenschaft beschäftigt sich ausschließ-
lich mit der Es-Ebene***, mit der Ebene der Dinge oder
Objekte. Bislang bleibt völlig dunkel, wie aus dem Es so

etwas wie Ich erwächst. Die neurophysiologischen Dogmen sind samt und sonders unhaltbar. Vom Es zum Ich, von Materie/Energie zum Bewusstsein: Das ist immer noch ein existentieller Salto mortale, gegen den gehalten jeder Quantensprung verblasst. Auch die im systemischen Denken beliebte Gleichsetzung des Geistes mit dem verbindenen Muster („the pattern that connects", wie Gregory Bateson sagt) ist nur ein Trick. Das Ganze bleibt (subtil) reduktionistisch, obgleich die Systemtheoretiker unermüdlich das Gegenteil behaupten.

These 9
Die Naturwissenschaft steht dem Dogmatismus und der Scholastik früherer Zeiten näher, als sie selbst weiß und wahrhaben will. Das betrifft nicht nur die Psychologie, den priesterlichen Gestus vieler ihrer Vertreter (den könnte man als pathologisches Randphänomen abtun), sondern die Sache selbst, das, worum es geht. Die Argumente vieler Kosmologen heute (die Kosmo-Theologen sind) gegen die Raumunendlichkeit oder die Absolutheit des unendlichen Raumes erinnern an die artistotelisch-scholastischen Argumente gegen Giordano Bruno. Die erheblich größeren Dimensionen des Universums heute täuschen darüber nicht hinweg.

These 10
Die Weltsicht der Naturwissenschaft ist fragmentiert (theoretisch-konzeptuell) und führt auch in der Praxis zur Fragmentierung der Natur. Das einzige Band, was die in Stücke geborstene Welt noch zusammenhält, ist die Mathematik, der (technisch forcierte Abstraktionismus. Die „Einheit der Natur" im Sinne der Naturwissen-

schaft meint die Einheit der mathematischen Abstrakti-
on, der als unwandelbar-seiende Größen vorgestellten
Naturgesetze, die ewig und überall gültig sein sollen.
Auch die Vertracktheit mit der „Singularität" im legen-
dären Urknall (der eine pure Fiktion ist) hat diesen
Glauben nicht erschüttert.

These 11

***Der eklatante Wirklichkeitsverlust der Naturwissen-
schaft*** (Folge ihres Reduktionsimus, ihres abstrakten
Platonismus) ***führt langfristig zur Zerstörung der
Wirklichkeit***. Die ökologische Krise ist der kollektive
Ausdruck dieser Neurose (verstanden als Entzweiung,
als Nicht-Angeschlossensein, als Abspaltung). Rabiater
Reduktionismus ist kaum etwas anderes als Barbarei.
Im Wirklichkeitsverlust der Naturwissenschaft wird Natur – oder was als Natur ins Blickfeld gerät – denaturier-
te Natur (wie Erwin Chargaff sagt). Naturwissenschaft –
noch einmal Chargaff – führt einen „Kolonialkrieg" gegen die lebendige Natur.

These 12

Die Naturwissenschaft hat früh einen Kausalbegriff entwickelt, der lebendige Ursache-Wirkung- Ketten entlang der gerichteten Zeit abstrakt-funktionalistisch auflöst. ***Kausalität wird purer Determinismus*** (was heute
als „Akausalität" gilt, meint: Nicht-Determinismus), lebendige, gerichtete, irreversible Zeit wird zum bloßen
Ordnungsparameter der raum-zeitlichen Welt (die berühmte Zeitumkehr-Invarianz). In allen Gleichungen,
den klassischen und den relativistischen und quanten-
mechanischen, ist der Faktor t (Zeit) reversibel, entge-

gen aller lebendigen Erfahrung. Das ist Parmenides: Der Zeitpfeil bewegt sich scheinbar, in Wirklichkeit ruht er bzw. kann er sich zwanglos in beide Richtungen bewegen.

These 13
Auch der Zeitbegriff, der aus dem Zweiten Hauptsatz der Thermodynamik abgeleitet wird (Stichwort: Entropie), ***widerspricht aller lebendigen Erfahrung***. Dieser Zeitpfeil saust ins Nichts und reißt uns alle mit. – Die Evolution kennt einen anderen Zeitpfeil: den der zunehmenden Komplexität, Organisation, relativen Autonomie usw., kurz: der Höherentwicklung. So gibt es eigentlich drei Zeitpfeile: Der eine ruht (oder ist frei verschiebbar), der zweite jagt in den Weltentod, ins absolute Chaos, und der dritte bringt, auf dem Wege der Evolution, schließlich auch jenes Lebewesen hervor, das über all dies nachsinnen kann: den Menschen, also ein hochkomplexes, alle früheren Stufen in sich enthaltendes und zugleich überschreitendes Wesen, das sich – physisch-psychisch – als Ich begreift und erlebt. „Weiß" der dritte Zeitpfeil von diesem Ich? Alles deutet darauf hin, dass wir ein grundstürzend neues Verständnis dessen brauchen, was Zeit ist oder ausmacht. Wir wissen da erschütternd wenig … Es kann nur eine Zeit geben.

These 14
Zum Funktionalismus der Naturwissenschaft, schon der klassischen Mechanik, ***gehört die Eliminierung der Frage nach der Natur und der Ursache der kosmischen Bewegung***. Eine Fiktion – die der geradlinig-gleichförmigen Bewegung – muss herhalten, um die kosmische Bewegung zu erklären. Ein Kausalprinzip der

geradlinig-gleichförmigen Bewegung, das sich in Newtons „Principia" in Ansätzen findet, fehlt in der sich auf Newton berufenden Physik (das geht auf den Einfluss von Leibniz zurück). Das Trägheitsgesetz als „kausales Paradox" wird zur quasigöttlichen Potenz emporgeschraubt. Eine Fiktion ersetzt lebendige und reale Wirkursachen.

These 15
Die Naturwissenschaft hat von Anfang an keine Erklärung für das Phänomen Gravitation gehabt, das noch das Urbild aller Kräfte in der klassischen Mechanik ist. Newton litt noch darunter, später hat man diese Frage nach Natur und Ursprung der Schwere vollends unter den Teppich gekehrt. Das ist einer der ganz großen – und kaum beachteten – Skandale des neuzeitlichen naturwissenschaftlichen Denkens! Als der Feldbegriff da war, kam die Frage auf (Faraday), ob Schwerewirkungen Zeit verbrauchen; das griff dann Einstein auf in der allgemeinen Relativitätstheorie. Bleibt man bei der „unendlichen Geschwindigkeit" der Gravitationswirkungen (diese ist nie widerlegt worden) und hält zugleich an dem durch Faraday sublimierten Feldbegriff fest (Feld als immaterielle Entität oder Kraftzone im leeren Raum), ergibt sich ein Schlüssel, um an das Rätsel der Gravitation heranzukommen. Schwere kann nur die Wirkung einer masselosen Strahlung mit unendlicher oder quasi unendlicher Geschwindigkeit sein, eines unendlich feinen Energiefeldes, das alles durchdringt.

Damit könnte sie etwas zu tun haben mit der „Vakuumenergie", mit der quasi unendlichen „Nullpunktenergie", die niemand begreift oder erklären kann. Der Gravitation nun jeden Kraftcharakter zu rauben, wie es geschieht seit Einstein, erscheint willkürlich, und auch der raffinierte mathematisch-geometrische Formalismus der allgemeinen Relativitätstheorie täuscht darüber nicht hinweg. Hier liegt wirklich ein ungeheures Rätsel! Es ist kein Wunder, dass viele Kritiker der abstrakten/mathematischen Physik gerade bei der Gravitation ansetzen; und immer wieder ist der Versuch gemacht worden, sie in irgendeiner Form elektromagnetisch zu begründen. Das beginnt in der elektromagnetischen Massetheorie vor 100 Jahren (Kaufmann, Abraham, Bucherer u. a.) und reicht bis heute. Auch die Ätherfrage ist damit verbunden. All dies müsste noch einmal ganz neu und gleichsam frisch und unbefangen untersucht werden. Die Mainstream-Wissenschaft blockt jeden Versuch ab, hier wirklich weiterzudenken.

These 16
Die Naturwissenschaft verwendet viele Begriffe, die ein Abgrund von Widersprüchen und Ungereimtheiten sind, meist wird das ontologische Chaos durch den mathematischen Formalismus überlagert. Ein solcher Abgrund ist der Begriff „Masse" (in der klassischen Mechanik verstanden als Einheit von aktiver und passiver Gravitationsmasse sowie Trägheitsmasse). Auf die Ungereimtheiten im klassischen Massebegriff haben Ernst Mach, Max Jammer und andere aufmerksam gemacht. Doch auch der relativistische und der quantenmechanische Massebegriff steckt voller Ungereimtheiten. Was Masse ontologisch also wirklich ist, bleibt völlig dunkel. Meist begegnet uns eine bloße Rechengröße,

die bei näherem Hinsehen verdunstet (oder, wie im Falle der Atombombe, explodiert).

Wer weiß, was Trägheit ist? Niemand. Dass Trägheit elektromagnetischen Ursprungs sei oder sein könne, ist in den Jahren vor der speziellen Relativitätstheorie oft vermutet worden. Henri Poincaré: „Was wir Masse nennen, ist wohl nichts als eine Erscheinung, und die gesamte Trägheit ist elektromagnetischen Ursprungs." In Ervin Laszlos Buch „Kosmische Kreativität" stieß ich auf eine neuere Theorie, die das, in anderer Akzentsetzung, wieder aufgreift. Laszlo: „In diesem Modell (von Haisch, Rueda und Puthoff) ist die Trägheitskraft eine Form elektromagnetischen Widerstandes, der in beschleunigten Bezugssystemen aus der spektralen Verzerrung des Nullpunktenergiefeldes des Vakuums resultiert."

Wir brauchen nichts Geringeres als Wirklichkeit, mit der und in der wir leben können, auch als Naturforscher, und die uns nicht in abstrakten Formalismen verkümmern lässt. Das schreibt uns die Natur nicht vor! Sie ist intelligenter und wirklicher als wir.

These 17

Die Naturwissenschaft hat, mit durchschlagendem Erfolg, *den Begriff „Äther" ausgeschaltet*, hat den Bannstrahl gegen diese (vor-Einsteinsche) Vorstellung geschleudert. Noch immer kommt es fast einem wissenschaftlichen Selbstmord gleich, diese Ausschaltung für voreilig zu halten, für ungestützt, und zu erneutem Nachdenken über diese Frage anzuregen. Die sogenannte Außenseiter-Naturwissenschaft beschäftigt sich seit Jahren mit der Frage nach dem Äther, der offenbar doch „irgendwie" existiert, aber wie? Es gibt Spekulationen zuhauf, auch aus den Kreisen der Experimentalphysiker, der Techniker und Ingenieure, bei denen häufig noch eine (uneingestandene) Ranküne gegen die theoretischen Physiker oder gar die Kosmologen hineinspielt, die die Aufmerksamkeit der Öffentlichkeit fast ungeteilt genießen (jedes TV-Wissenschaftsjournal macht das deutlich). Wir brauchen eine neue Äthertheorie, die schlicht besser, genauer und vor allem subtiler, intelligenter, „feinstofflicher" ist als die des vorigen Jahrhunderts.

These 18

Analoges trifft für den Begriff *„Lebensenergie"* zu: in der Biologie gilt der Begriff als obsolet, der Vitalismus von Hans Driesch als widerlegt. Die Biologen sind heute die ärgsten Reduktionisten, dagegen haben es die Physiker leicht, sich als Holisten darzustellen, als nichtreduktionistisch und nicht-mechanistisch (was meiner Überzeugung nach nicht stimmt).

Auch hier ersetzt die dogmatische Ausgrenzungsgebärde das authentische und freie Nachdenken. Wir benötigen dringend eine neue Wissenschaft des Lebens. Die unkritische Übernahme und Absolutsetzung der „morphischen Felder" (Rupert Sheldrake) in großen Teilen der New-Age-Szene ist genauso wenig fruchtbar wie ihre Ausgrenzung oder Geringachtung. Sheldrake (wie Wilhelm Reich, wie Rudolf Steiner, wie Viktor Schauberger, wie Helmut Friedrich Krause u. a.) hat wichtige Impulse gegeben, die heute nicht mehr ernsthaft geleugnet oder ignoriert werden können.

These 19

Im Kern geht die Naturwissenschaft von einer Art Mono-Natur aus und damit von einer Wirklichkeit, die der existentiellen Tiefe entbehrt, der existentiellen Dimension überhaupt. In dieser „Flachland-Ontologie" (Ken Wilber) wird die Welt zum Cyber Space, zum Computerspiel eines sowohl bösartigen als auch höherer Intelligenz ermangelnden Demiurgos. Es ist eine Fläche, in der das, was wie Tiefe wirkt, nur Simulation ist. – Man glaubt ernsthaft, mit Computersimulationen in das Eingeweide der Dinge zu dringen, die Welt als Ganzes – in ihren Grundbewegungen – im abstrakten Modell einzufangen.

Das kann nur mit einem toten Universum gehen, nicht mit einem von Leben erfüllten. Die Computersimulation schließt alles Dialogische aus, jede Tiefe, die der Deutung bedarf ... Im Prokrustesbett der Modelle ist längst alles Lebendige verblutet.

These 20

Das Urknall-Universum ist eine Falle, aus der uns nur der Big Crunch befreit. Welch' eine Perspektive! Es gab – und gibt – gute Gründe, den fabulösen Weltenanfang, wie ihn die Urknall-Kosmologen behaupten, zu bezweifeln. Die kosmische Hintergrundstrahlung ist viel zu regelmäßig, um Galaxienstrukturen erklären zu können; zudem ist ihre Herkunft und ihre Natur völlig dunkel; dass sie aus dem Urknall herrührt, ist pure Behauptung. Die Rotverschiebungen in den Galaxienspektren sind weniger eindeutig, als meist angenommen wird; schon die Entfernungsbestimmung der Galaxien ist unsicher. Die Rotverschiebungen mit dem Doppler-Effekt zu erklären, erscheint willkürlich. Die Zuordnung zu – vermuteter – Entfernung und Rotverschiebungswert ist keineswegs so eindeutig, wie es zunächst scheint. Die Hubble-Konstante ist unsicher. Die sogenannte Singularität hebelt sämtliche Naturgesetze aus, sprengt das gesamte Raum-Zeit-Gefüge. Schwarze Materie ist nie aufgefunden worden usw. Man ersehnt den Kopernikus, der alle diese Epizykel abräumt.

Ich halte die Rotverschiebungen für einen letztlich geozentrisch begründbaren Scheineffekt. Das primordiale Feld der Erde, ihr „Raumenergiefeld" (Krause), das radial in das All verstrahlt (eine masselose Strahlung, die den Raum quasi unendlich schnell überbrückt) zieht sich in sich zurück, es wird schwächer; dies spiegelt die – scheinbare – Fluchtbewegung der Galaxien. Sie fliehen von der Erde weg; da wir nicht im kosmischen Mittelpunkt stehen, kann der Effekt nur ein Spiegeleffekt sein, kein Ausdruck einer realen Fluchtbewegung (genaueres zu dieser Hypothese in dem Buch: „Räume, Dimensionen, Weltmodelle, Impulse zu einer anderen Naturwissenschaft").

These 21
Die Naturwissenschaft in Form der modernen Kosmologie kennt Leben nur als Ausnahmeerscheinung, als monströsen Zufall. Das Gegenteil ist der Fall. Intelligentes Leben ist die Regel im Universum. Das muss so sein, wenn wir nicht annehmen wollen, dass wir kosmisch einzigartig sind, dass dieser Ort auf radikale Weise aus der großen Ordnung des Alls herausfällt. Das anzunehmen ist Geozentrismus pur! Im Grunde sind die modernen Evolutionsbiologen alle Geozentriker. Ist Le-

ben überall gegeben, bricht der Darwinismus wie ein Kartenhaus zusammen. Die kopernikanische Revolution ist noch nicht zu Ende. Die kosmische Relativität unseres Standortes haben wir, wie es scheint noch immer nicht in der Tiefe ausgelotet. „Der Mensch übersteigt unendlich den Menschen." (Pascal) Analog ließe sich sagen: Die kosmische Intelligenz übersteigt unendlich die irdisch-menschliche. Ohne echte „Psychonautik" ist Kosmologie weitgehend sinnlos. Wir gewinnen Millimeter an Erkenntnisgewinn, und auf jeder neuen Erkenntnisstufe, die wir zur Betonfestung ausbauen, holen uns die ihr inhärenten Pathologien ein ...

These 22
Die Naturwissenschaft kann Bewusstsein nicht erklären (s. o.) und naturgemäß auch nicht jene transpersonalen / holotropen / grenzüberschreitenden Erfahrungen, die die Bewusstseinsforschung der letzten 25 Jahre beschäftigt. Die transpersonalen Erfahrungen sind häufig Ausdruck einer ganz eigenen inneren Kosmologie, in der das Einzelbewusstsein sich als ausgegossen in die Weiten des Raumes erfährt u. ä. Alles spricht dafür, dass wir den alten Gedanken einer Weltseele wiederbeleben müssen. Zaghaft deutet sich das auch an. So hat etwa Ervin Laszlos Psi-Feld oder Subquantenfeld Ähnlichkeit mit der Weltseele (Laszlo selbst sagt, dieses Feld könne „als eine Art Intelligenz oder als verallgemeinerte Psyche angesehen werden, die im Schoß der Natur wirkt"). Wir müssen versuchen, die Beziehungen zwischen Weltseele, Weltraum, primordialen und abgeleiteten Feldern und Seele-Bewusstsein in menschlicher Form zu verstehen. Davon sind wir weit

entfernt.

Wir brauchen eine andere Naturwissenschaft/Naturphilosophie/Kosmologie, weil uns die herrschende in ein monströses Universum verbannt hat, in dem wir als lebendige Wesen kein Heimatrecht haben und wir uns umgeben fühlen müssen von einem Weltraum, der uns in eisiger Leere anhaucht. „Seit Kopernikus rollt der Mensch aus dem Zentrum ins Nichts." (Nietzsche) Kein Wunder, dass die Ökologen meist glühende Geozentriker sind; der Kosmos ist ihnen Hekuba (gleichgültig). Wie auch anders? In der Mainstreamansicht herrscht da draußen ökologische Wüste. „Die Wüste wächst, weh' dem, der Wüsten birgt." (Nietzsche) Wir bergen die kosmische Wüste, sie ist unser Werk. Brausendes Leben umtost uns, aber wir sind vereinsamt und isoliert in der kosmischen Nacht.

Noch immer haben wir nicht begriffen, was Kosmos heißt. Und mit grober Hand greifen wir hinaus und hinein in ein unsagbar subtiles Bewusstseins- und Lebensgeflecht. Jeder Wahngedanke ist ein todbringender Schnitt da hinein …

* * *

„Risse im Gebälk
der herrschenden Dogmen
sind spürbar, so als ob das
ganze Gebäude vor dem
Zusammenbruch steht."

„Leitend für jede Naturforschung muss
stets das lebendige Phänomen sein.
Die Abkoppelung abstrakter Modelle
von der Empirie,
die heute gang und gäbe ist,
führt notwendig in die Irre."

Die herrschende Naturwissenschaft kennt Mensch und Leben nur als absurde Zufallskonfiguration

Die sich zuspitzende Krise der Naturwissenschaften, deren lebensfeindlichster Auswuchs die sogenannte Biotechnik ist, lässt mit raum&zeit immer mehr nachdenkliche Menschen nach Lösungsansätzen Ausschau halten. Doch zuvor bedarf es einer gründlichen Analyse der geistigen Fundamente, auf denen die zeitgenössischen Naturwissenschaften beruhen. raum&zeit kennt im deutschsprachigen Gebiet keinen Wissenschaftler, der das Weltbild der herrschenden Naturwissenschaft gründlicher und zugleich gewissenhafter ausgelotet hätte, als der Berliner Philosoph, Schriftsteller und Dozent Jochen Kirchhoff. Was uns an ihm fasziniert, sind vor allem zwei Dinge: Er dringt zu den geistigen Wurzeln der Naturwissenschaften insgesamt vor, also nicht nur in Teilgebiete wie Physik, Chemie, Biologie usw., und er ist in der Lage, Lösungen, die uns aus der gegenwärtigen Misere führen, so konkret anzudeuten, dass sie umsetzbar erscheinen. Dass dieser Ausweg nicht ohne eine bewusstseinserweiternde Kultur-Revolution zu erreichen sein wird, davon geht mit Jochen Kirchhoff auch raum&zeit aus. Mit Spannung darf man das neue Buch von Jochen Kirchhoff erwarten, das im Herbst [1999] unter dem Titel „Räume, Dimensionen, Weltmodelle – Impulse zu einer an-

deren Naturwissenschaft" im Münchner Diederichs
Verlag erscheint. Zuvor stellte raum& zeit dem Autor
Fragen, die uns seit langem selbst bewegen:

r&z: Herr Kirchhoff, Sie gelten zur Zeit als der schärfste
und fundamentalste Kritiker der herrschenden Naturwissenschaft. Im Herbst (1999) erscheint bei Diede-
richs/München, Ihr neues Buch „Räume, Dimensionen,
Weltmodelle – Impulse zu einer anderen Naturwissenschaft", ein weiterer „geistiger Sprengsatz" für die naturwissenschaftliche Orthodoxie. Was hat Sie veranlasst, deren Dogmen anzuzweifeln?

JK: Um das differenziert zu beantworten, müsste ich
erhebliche Teile meiner eigenen Biographie aufblättern.
Ich will mich auf einige Schlaglichter beschränken. Eine
der Fragen, die mich schon umtrieben, als ich elf, zwölf
Jahre alt war, betraf das Universum und die Stellung des
Menschen darin. In was für einem Universum leben
wir? Das ließ mich nicht mehr los seitdem. In den späten 50er Jahren (ich bin Jahrgang 1944) las ich alles,
was ich erreichen konnte, zu diesem Thema; ich ver-
schlang Physik- und Astronomiebücher genauso wie
Science-fiction-Literatur, ich las die Schriften von Wern-
her von Braun zur Weltraumfahrt, korrespondierte sogar – kaum 15jährig – mit ihm, konstruierte Raumschif-
fe und Raketen und wollte Atomphysiker und Astronom
werden. Seit ca. 1961 verschob sich mein Interesse in
Richtung Literatur, Philosophie und Musik; ich hatte
zunehmend den Verdacht, dass der Mensch in seiner
lebendigen Ganzheit in dem, was ich von den Naturwissenschaften kannte, gar nicht vorkommt. Im Abitur

(1963) wählte ich als Spezialgebiet für die mündliche Prüfung im Fach Physik das Thema „Der Zusammenbruch des mechanistischen Weltbildes"; das war damals noch ganz von Einstein aus gedacht. Ich habe dann zunächst ein Studium in Philosophie, Geschichte und Germanistik absolviert. Der Philosoph Helmut Friedrich Krause (1904-1973) war ein Freund meines Vaters (Patentanwalt und Ingenieur seines Zeichens, verstorben 1963). Seit Mitte der 60er Jahre war Krause eine Art Mentor und väterlicher Freund für mich. Seine Schrift „Der Baustoff der Welt" erschien erst 1970 (siehe hierzu Quellen: „‚Urknall‘ und Hiroshima gehören engstens zusammen"). Krause war ein wunderbarer Mensch, der völlig zurückgezogen lebte und unbeirrt vom Jahrmarktslärm der Öffentlichkeit seine philosophische Arbeit vorantrieb. Er war es auch, der mich auf Giordano Bruno aufmerksam machte. Was Krause mit Bruno verband, war die tiefe und aus Erfahrung gespeiste Überzeugung von der Weltseele, von der Allgegenwart intelligenten Lebens im Universum und von den Gestirnen als kosmischen Organismen. Das überzeugte mich; hier, so spürte ich, konnten sich Seele und Geist frei bewegen. Über erkenntnistheoretische Grundfragen der Naturwissenschaft und Kosmologie haben Krause und ich kaum gesprochen; wir sprachen fast ausschließlich über Fragen der inneren Erfahrung, über Meditation, Spiritualität und das, was später als Transpersonalität bekannt wurde. – Mir war bald klar, dass Krauses Theorie des „Raumenergiefeldes" der Gestirne zwar einen genialen Entwurf darstellte, aber gleichwohl einige Schwachstellen und Widersprüche aufwies, die er selbst nicht lösen konnte (und wohl auch nicht wollte). Dennoch kannte ich weit und breit nichts, das mich – in Sachen Naturphilosophie/Kosmologie – mehr überzeugt hätte. Das herrschende und allseits gefeierte Weltbild erschien mir so monströs und unsinnig, dass ich keine Sekunde daran glaubte.

Eine Anti-Geschichte der Physik

Doch habe ich damals die Prägekraft und innere Konsistenz dieses Mainstream-Weltbildes weit unterschätzt. Als ich sie begriff (1977), warf ich mich noch einmal mit aller Intensität auf die Grundfragen der Physik und Kosmologie. Wie besessen arbeitete ich mich durch Berge von Literatur zum Thema durch, durchforstete zugleich alles, was mir erreichbar war an möglichen seriösen Alternativen zum Alptraum der herrschenden Kosmologie. Es entstand ein umfangreiches Buchmanuskript, eine Art „Anti-Geschichte der Physik", mein erster Versuch, in ganzer Breite eine tragfähige Alternative zur orthodoxen Naturwissenschaft zu entwickeln. Mit der Rowohlt-Monographie über Giordano Bruno, die 1980 erschien, trat ich dann an die Öffentlichkeit. Die Resonanz war immens und übertraf meine Erwartungen. Ich wurde überschüttet mit Briefen, Manuskripten, Anrufen. Ich verstand, welches enorme Bedürfnis existierte, die Welt anders und sinnvoller zu deuten, als dies innerhalb der herrschenden Hypothesen möglich war. Seitdem ist dieses Bedürfnis enorm angewachsen.

r&z: Sehen Sie Ansätze zu einem Sinneswandel in der herrschenden Naturwissenschaft, und sei es auch nur bei Einzelpersonen oder Institutionen des In- und Auslandes?

JK: Ein allgemeiner Bewusstseinswandel ist fraglos spürbar; wie weit er in jedem Einzelnen geht, lässt sich schwer abschätzen. Hier muss man unterscheiden zwischen dem, was im privaten Gespräch und was offiziell geäußert wird. Mir sagte einmal ein Professor für theoretische Physik unter vier Augen, er glaube nicht, dass die herrschende Kosmologie irgend etwas mit der Wirklichkeit des Kosmos zu tun habe, aber es sei doch – so wörtlich – „ganz witzig", dass man mittels der Mathematik in der Lage sei, aus den Beobachtungen und Messungen der sogenannten Sonnen-Neutrinos so weitreichende Schlussfolgerungen abzuleiten, wie es ja geschieht (auch wenn es sich um reine Spekulationen handelt). Mir haben viele Menschen privat gesagt, dass sie das Standardmodell der Sonne für absurd halten; aber öffentlich wagt keiner dagegen aufzubegehren. In den Überschneidungszonen von etablierter Wissenschaft und Außenseiter-Wissenschaft gibt es viele ermutigende Entwicklungen; es gibt etliche Einzelne, die sich weit vorwagen, auch in ihrer Kritik an Einstein und der Urknall-Fiktion. Und im Bereich der sogenannten New Science ist ein spannender Prozess zu beobachten, in den USA und in Russland vielleicht eher als in Deutschland. Am heikelsten ist die Sache mit der Ikone Einstein, was noch dadurch erschwert wird, dass viele „Widerlegungen" der beiden Relativitätstheorien einer kritischen Überprüfung nicht standhalten. Einfach gegen Einstein zu sein, ist noch kein Gütesiegel. Man muss wirklich etwas „anzubieten" haben statt dessen, und daran mangelt es häufig. Viele spüren, dass hier etwas fundamental nicht stimmt, argumentieren aber nicht stringent und überzeugend genug, was wiederum die Einstein-Jünger zu Hohn und Spott veranlasst (wenn sie sich überhaupt mit Einwänden gegen Einstein beschäftigen, viele glauben sich erhaben darüber). Hier rühren wir an einen kritischen Punkt. Dass es einen massiven und durchaus als scholastisch zu bezeichnenden Dogmatismus der etablierten Wissenschaft gibt, liegt auf der Hand. Aber es gibt auch einen erheblichen Dogmatismus bei vielen Vertretern der Außenseiter-Wissenschaft. Schon Goethe ist dafür ein Beispiel; Einwände gegen seine Farbenlehre, auch vonseiten Eckermanns, wies er unwirsch und mit Herrschergebärde zurück, und zwar auch dort, wo sie partiell durchaus berechtigt waren. Es gibt viele ähnliche Beispiele. Häufig sehen Außenseiter Schwachstellen des herrschenden Denkens mit erstaunlicher Schärfe. Aber ihre eigenen Schwachstellen (die es bei jedem Kritiker des Bestehenden auch gibt) sehen sie weniger scharf oder gar nicht. Das ist betrüblich und erschwert eine offene und freie Diskussion. Ich habe langjährige Erfahrungen damit gesammelt und war manchmal drauf und dran, völlig zu resignieren. Im „Anti" mag man sich schnell einig sein, aber wenn es dann um das geht, wofür man eigentlich einsteht und was man als Gegenentwurf anbietet, wendet sich das Blatt und die Differenzen brechen (oft unversöhnlich) auf.

Scharfsinn auch gegen die eigene Person richten

Mir erscheint es unverzichtbar, seinen Scharfsinn stets auch gegen die eigene Position zu richten Nietzsche sagte einmal sinngemäß, man müsse die stärksten Argumente gegen die eigene Überzeugung selbst vorbringen und das nicht dem Gegner überlassen. Dazu sind die meisten nicht in der Lage. Sie nehmen den Gegner in seinen Schwächen, die eigene Position aber in ihren Stärken. Man sollte es (mal) umgekehrt versuchen. Was den möglichen „Sinneswandel in der herrschenden Naturwissenschaft" anbelangt, kommt noch etwas Weiteres erschwerend hinzu: Naturwissenschaftliche Theorien sind in der Regel Teil und Symptom eines epochenspezifischen geistigen Klimas, Teil und Symptom der jeweils herrschenden kollektiven Bewusstseinsverfassung. Die innere Kosmologie geht meist der äußeren voraus. Natürlich gibt es Ausnahmen, aber es ist wichtig, diesen Zusammenhang erst einmal zu sehen. Viele der Protagonisten der Außenseiter-Naturwissenschaft argumentieren methodisch und strukturell völlig „mainstreammäßig", das heißt technisch, reduktionistisch und weitgehend erkenntnistheoretisch naiv. Das ist traurig, weil dadurch das Wesentliche leicht verfehlt wird. Ein typisches Beispiel dafür ist Wilhelm Reich, was nicht ausschließt, dass er dennoch in vielem recht hat (oder haben könnte). Außenseiter, die einen Teilbereich authentisch und eigenständig erforscht haben, und zwar gegen den Mainstream, neigen dazu, ihr Konto zu überziehen. Plötzlich machen sie den gleichen Fehler wie ihre Gegner, sie dogmatisieren nicht nur ihren eigenen (sicher mühevoll erarbeiteten) Standpunkt, sondern sie fällen Urteile über Gebiete, zu denen ihnen der Erfahrungszugang fehlt und die sie gar nicht wirklich durchdacht haben. Dazu glauben sie sich berechtigt, ja geradezu berufen. So wird aus einer Winkelperspektive plötzlich eine Weltanschauung. Mathematiker und Techniker neigen verstärkt dazu.

r&z: Was geschieht, wenn die sogenannten Erkenntnisse der herrschenden Naturwissenschaften vor allem auf den Gebieten Physik und Biologie weiter so kritiklos umgesetzt werden wie bisher?

JK: Das kann man einfach beantworten: Das allgemeine Desaster wird dadurch vergrößert, das öffentliche Bewusstsein weiter vernebelt. Weitere Verbrechen gegen das Lebendige werden begangen. Fundierte und mutige Kritik gegen den herrschenden Wahn tut wahrlich not. Nur sollte diese stets durchmischt sein mit einem guten Gran an Skepsis auch gegen die eigene Position.

r&z: Halten Sie die Milliarden-Beträge an Steuergeldern, die zur Zeit weltweit in Forschungen fast ausschließlich auf technischem Gebiet investiert werden, für eine mögliche Ursache für die Fehlentwicklung der Naturwissenschaften?

Es wird reduziert auf Teufel komm raus

JK: Die „Milliarden-Beträge an Steuergeldern" sind wohl eher Symptom und Wirkung als Ursache. Die Lobbyisten der abstrakten Naturwissenschaft haben es immer wieder verstanden, die weitgehend unkritischen und ahnungslosen Politiker davon zu überzeugen, dass sogenannte Grundlagenforschung, natürlich technisch betriebene, notwendig sei. Grundlagenforschung ist ein Zauberwort, das die kritischen Geister bannen soll. Was hier erforscht wird, wenn Forschung überhaupt das zutreffende Wort ist, ist sicher eines nicht: nämlich die Grundlagensphäre unserer Erfahrungswelt. Es wird analysiert und reduziert auf Teufel komm raus, und zwar buchstäblich; der Teufel lässt sich nicht lumpen, er kommt wirklich raus. Das Beispiel der Kernspaltung und der Atombombe hätte eigentlich reichen können. Stattdessen geschieht etwas, das sich ein kosmischer Kabarettist nicht besser hätte ausdenken können: dass wir noch immer auf einem atomaren Pulverfass sitzen, ist fast völlig aus dem öffentlichen Bewusstsein verschwunden, und die Theorien, deren schlimmer Wechselbalg die Atombombe (zumindest auch) ist, nämlich Relativitäts- und Quantentheorie, erfreuen sich größter Popularität, und zwar auch bei Menschen, die sich für spirituell halten oder es wirklich sind. Die Quantenmystik ist beliebter denn je; der Quanten-Idealismus, der die objektive Welt gleichsam gedanklich verdunsten lässt, wird von Buddhisten genauso geschätzt wie von Anthroposophen oder von unzähligen New-Age-lern. Leider ist die Kernspaltung nur allzu real und irdisch oder grobstofflich. Von Mystik oder Idealismus keine Spur. Man ist versucht, den alten linken Begriff der „Ablenkungsideologie" hier anzuwenden.

r&z: Ist die Wissenschaft zum reinen Produktionsfaktor verkommen, wobei die Nationen global versuchen, sich gegenseitig den Rang abzulaufen und schürt eine internationale Wissenschaftler-Clique diesen Wettbewerb bewusst, in dem sie eine Nation gegen die andere ausspielt? Motto: Wenn die Forschungsgelder nicht erhöht und die gesetzlichen Bestimmungen nicht gelockert werden, gehen wir ins Ausland? Oder sind es die Kapitalgeber der Wissenschaftler, die diesen Wettbewerb inszenieren?

JK: Hier hängt alles miteinander zusammen, und es ist sicher im einzelnen schwierig, Ursache und Wirkung klar zu bestimmen. Auch in meiner Wahrnehmung gibt es die von Ihnen genannte „internationale Wissenschaftler-Clique", vor der die meisten Politiker in die Knie gehen. Und natürlich mischt überall das große Kapital mit, wie überhaupt die allgemeine Misere auch strukturelle Ursachen hat. Das herrschende Wirtschafts- und Geldsystem ist in sich verbrecherisch. Das, was die Anthroposophen als „freies Geistesleben" bezeichnen, ist in Sachen Wissenschaft nur in den allerseltensten Fällen gegeben. Fast alle Wissenschaftler hängen am großen Geldtropf. Das herrschende Geldsystem macht fast alle zu seinen Erfüllungsgehilfen. Das Ausmaß der allgemeinen Entmündigung (dadurch) ist erschreckend. Ein Hoffnungszeichen ist es, dass dies von zunehmend mehr Menschen auch gesehen und artikuliert wird.

r&z: Könnte man vor diesem Hintergrund Wissenschaftler, vor allem in den Chemie- und Pharma-Konzernen, mit Rennpferden vergleichen, auf die Wissenschaftsmanager im Auftrag ihrer Aktionäre Geld setzen?

JK: Sicher eine der möglichen Umschreibungen für das, was auf diesem Sektor geschieht. Wobei nicht immer klar ist, wer hier wen reitet, wer hier wen betrügt, beraubt, düpiert, missbraucht. „Die Wilden fressen einander, die Zahmen betrügen einander, und das nennt man den Lauf der Welt", meint Schopenhauer. Was die Wissenschaftsapparate als ganze anlangt, so sei jedem, der hier Erhellendes erfahren möchte, das Werk Erwin Chargaffs ans Herz gelegt. Chargaffs wissenschaftskritische Texte sind auch deswegen unverzichtbar, weil sie in einer Sprache abgefasst sind, die aus den besten Traditionen der europäischen Essayistik und Prosa gespeist wird. Im Zeitalter einer beispiellosen Verflachung und Verhunzung der Sprache ist dies nicht hoch genug zu veranschlagen (siehe hierzu raum&zeit Nr. 92 „Prof. Chargaff: ‚Wir sind aus der Natur ausgetreten'").

Lebens- und menschenfeindliche Naturwissenschaft

r&z: Ist die herrschende Naturwissenschaft lebens- und menschenfeindlich?

JK: Eindeutig und einschränkungslos: Ja! Genau so ist es. Wir alle sind ständig davon betroffen; die gesamte Gesellschaft ist damit durchsetzt. Das heißt nicht, dass es nicht viele Mainstream-Naturwissenschaftler gibt, die das – als private Subjekte – durchaus sehen und auch ablehnen. Das macht das Ganze noch brisanter und beklemmender. Und es erhebt sich die wirklich beunruhigende Frage: Wer zieht hier eigentlich die Fäden? Unbestreitbar ist: Viele wollen gar nicht das, was sie selbst unausgesetzt tun, sie leben in einer undurchschauten oder nur halb durchschauten Schizophrenie. Und genau diese Schizophrenie wird durch die herrschenden Wissenschaftsapparate unaufhörlich gefüttert. Formelhaft verkürzt, ließe sich sagen: Tagsüber wird als Sklave der Megamaschine malocht, das „objektiv Verbrecherische" (C. F. v. Weizsäcker) der Apparate vorangepeitscht, und am Abend kann derselbe Sklave ein liebender Familienvater und Musik- und Literaturfreund sein. Die Wissenschaftsapparate benötigen nur das lebensferne „man", das lebendige Subjekt ist strukturell ausgeschaltet. Diese Ausschaltung wird ja überall gefeiert und als Fortschritt gepriesen. Frauen übrigens haben da häufig ein feines Gespür, können sich aber argumentativ (meist) nicht durchsetzen, weil die Männer als Forschersubjekte oder als Funktionsträger der Großen Maschine auf „Sachlichkeit" eingeschworen sind. Niemand wird leugnen, dass diese „Sachlichkeit" bis zu einer gewissen Grenze und in bestimmten Kontexten auch notwendig ist; man sollte hier nicht das Kind mit dem Bade ausschütten. Aber was die lebendige Natur anlangt und die ihr zugrunde liegenden Gesetze, so ist stets der lebendige Mensch in seiner Ganzheit angefragt. Lebendiges kann nur von Lebendigem erkannt werden. Und „erkennen" kann und darf hier niemals heißen: primär zerlegen, zerschneiden, zerkleinern, was seinem Wesen nach ein Ganzes ist. Chargaff: „Ob der Forscher, der ins Reich der Grenzenlosigkeit einfällt, sich einer Grenzüberschreitung schuldig machen kann, weiß ich nicht; wohl aber eines völligen Mangels an Gefühl für den Ernst dessen, worin er sich eingelassen hat. Je tiefer er in das Leben vorstößt, um so mehr verletzt er es. Am Ende, auf dem Gipfel des Erfolgs, befindet er sich in einem Schlachthaus für Leichen." (Aus: „Zeugenschaft", Stuttgart 1985, S. 206) Das gilt auch für die sogenannte Kosmologie! Man denke an den hochmütig-tumben Jargon, den die Kosmo-Theologen pflegen. Aber auch manche ihrer Kritiker sind davon infiziert. So etwas wie Ehrfurcht vor dem Mysterium des Lebendigen und des Kosmos, der dieses Lebendige hervorgebracht hat (und zwar weil er, notwendig, selbst lebendig ist), findet man auch bei den Kritikern an der Mainstream-Kosmologie selten ...

r&z: Was waren Ihrer Meinung nach die wichtigsten Ursachen, die zur heutigen Fehlentwicklung der Naturwissenschaften führten?

JK: Diese Frage gehört zu den schwierigsten, weil sie Tiefenschichten berührt, die sehr schwer auszuloten sind. Im letzten ließe sich die Frage nur beantworten, wenn ein Wissen darüber bestünde, was der Mensch kosmisch gesehen wirklich ist, welche Aufgabe er hat im Universum und ob es so etwas gibt wie das Böse. Denn die gesamte Entwicklung der abstrakten Naturwissenschaft wirkt in gewisser Weise wie generalstabsmäßig geplant und durchgezogen; jeder Erkenntnisfortschritt, den es gab, wurde und wird sogleich funktionalisiert und verdreht und, häufig genug, ins Absurde gewendet. Die Überwindung des mittelalterlich-geozentrischen Weltbildes ist ein eindrucksvolles Beispiel dafür. So konnte der Nihilismus seine stärksten Argumente aus der Newtonschen Himmelsmechanik gewinnen;

die breite Öffentlichkeit gewann den Eindruck, die Gestirne seien einfach schwere und träge Körper, die sich nach mathematisch fassbaren Gesetzen bewegen, die die herrschende Physik „kennt". Damit waren die Götter endgültig abgeräumt, und was uns fortan angrinste „da draußen", war ein totes Spektakel ohne tieferen Sinn, ein Feld für „Rechenköpfe" (wie Schopenhauer die Astronomen nannte) ... In meinem Buch „Räume, Dimensionen, Weltmodelle" habe ich diese Entwicklung eingehend dargestellt.

Lebens- und naturfeindliches Christentum

Im 5. Kapitel von „Was die Erde will" ist der Versuch gemacht worden, das epochale Verhängnis bewusstseinsgeschichtlich zu begründen; ich spreche dort von der „Sieges- und Katastrophengeschichte des mentalen Ich". Wahrscheinlich war die Mentalstufe überhaupt oder wenigstens zu großen Teilen eine blutige Fehlgeburt. Kaum zu sich selbst gekommen, hat das mentale Selbst gleich tabula rasa gemacht: Weg mit allen magischen und mythischen Überbleibseln, zum Teufel mit allen „Überwelten" oder höheren Ebenen jenseits der Ratio! Das schuf eine Blickverengung, die irgendwann in Kollision geraten musste mit der lebendigen Wirklichkeit der Erde und des Bewusstseins. Vorbereitet wurde diese Entwicklung durch das im Grundimpuls lebens- und naturfeindliche Christentum (ich rede vom geschichtswirksam gewordenen Christentum, was nicht ausschließt, dass es Unter- und Nebenströmungen gab, die nicht naturfeindlich waren oder sind). Das Christentum hat den Leib tiefgreifend abgespalten und bewusstseinsmäßig neurotisiert. Nicht umsonst galten die Christen den Neuplatonikern (Plotin z. B.) als Feinde des Kosmos. Und was soll man von einer Religion halten, die eine solche Vernichtungsorgie wie in der „Johannes-Apokalypse" für eine mögliche, ja herbeigesehnte Menschenzukunft hielt? Immer wieder wird der Verdacht ausgesprochen, dass wir alle umfassend manipuliert werden. Das mag stimmen, oder wenigstens partiell stimmen. Nur: Wer ist der große Manipulator? Und: Warum lassen wir das mit uns machen? Wer hat ein Interesse an all dem? Die Fehlentwicklung ist so gigantisch, dass alle bisherigen Erklärungsversuche zu kurz greifen. Was Hoffnung macht, ist, dass wir seit einigen Jahren eine gewisse Auflockerung registrieren können; zunehmend mehr Menschen haben angefangen, intensiver nachzufragen. Risse im Gebälk der herrschenden Dogmen sind spürbar, so als ob das ganze Gebäude vor dem Zusammenbruch steht.

r&z: Warum gehen von Deutschland seit etwa der 30er Jahre (Warburg, Fleming, Born, Heisenberg, usw.) keine wissenschaftlichen Impulse mehr aus? Hat das immer noch mit dem verlorenen Krieg zu tun, nach dessen Ende die wissenschaftlichen Größen ins Ausland abgewandert sind?

JK: Hier wäre es wichtig, sich Klarheit darüber zu verschaffen, was genau mit diesen „wissenschaftlichen Impulsen" gemeint ist. Das kann man nicht in wenigen Sätzen machen. Man müsste hier sehr detailliert in die Wissenschaftsgeschichte seit den 20er und 30er Jahren hineingehen. Der Nationalsozialismus hat sicher auch wissenschaftsgeschichtlich eine ungeheure Zäsur dargestellt. Ich glaube, dass diese Geschichte erst noch zu schreiben ist. Ich finde die Frage spannend und auch wichtig, doch überschreitet sie den Rahmen einer kurz gefassten Antwort. Mein bei Eugen Diederichs erscheinendes Buch sehe ich durchaus auch als einen „wissenschaftlichen Impuls", der „von Deutschland ausgeht"; meine „Impulse" sind keineswegs nur wissenschaftskritischer Natur.

r&z: Was ist von der sogenannten „Wissens-Explosion" zu halten, von der ständig die Rede ist? Ist diese „Explosion" nur eine Folge der ständig fortschreitenden Spezialisierung oder handelt es sich tatsächlich um neue Erkenntnisse?

Die Wissens-Explosion ist ein Schmarren

JK: Die „Wissens-Explosion" ist ein Schmarren, ein großer Betrug. Substantiell geschieht wenig. Die meisten Veröffentlichungen in Fachzeitschriften liest ohnehin keiner. Hin und wieder tauchen bemerkenswerte Aspekte auf; weichen diese jedoch zu weit vom Mainstream ab, werden die Betreffenden zurückgepfiffen. Fast alle haben Angst um ihre wissenschaftliche Reputation. Schon Newton scheint nichts mehr gefürchtet zu haben, als sich in der „Fachwelt" lächerlich zu machen, daher seine (erfolgreichen) Bemühungen, alles Esoterische oder Okkulte aus seinen wissenschaftlichen Schriften zu entfernen; dabei war er in der Tiefe eher Magier und Okkultist als Rationalist (wie man seit den 30er Jahren weiß, als John Maynard Keynes die mystischen Schriften Newtons sichtete). Also noch einmal mit anderen Worten: Was explodiert, sind die heiß laufenden Gehirne und die Forschungsgelder für prestigeträchtige Projekte; von echtem Wissen kann nur von ganz kleinen, eng umschriebenen Bezirken die Rede sein. Im Großen tut sich kaum etwas. Man möchte Goethe zitieren: „Getretner Quark wird breit, nicht stark."

r&z: Würden Sie der These von raum&zeit zustimmen, wonach einer der Hauptgründe für die geistige Stagnation in Deutschland der Wissenschafts-Dogmatismus ist, der einen wissenschaftlichen Disput, wie er früher üblich war, nicht mehr zulässt?

JK: Vom Dogmatismus generell war schon oben die Rede. Ich bin mir nicht sicher, ob die „geistige Stagnation", die es ja fraglos gibt, in Deutschland wirklich stärker ist als in anderen Ländern. Manchmal denke ich auch so, aber ich muss doch andererseits feststellen, dass gerade in Deutschland auch starke Gegenkräfte existieren. Ich weiß nicht, ob meine „Impulse zu einer anderen Naturwissenschaft" heute so in England, Frankreich oder in den USA möglich wären. Aber das betrifft ja nicht den Mainstream. Die Deutschen sind im Rationalen und Wissenschaftlichen häufig verkrampft; vielleicht müssen sie den tief in ihnen wohnenden Irrationalismus immer wieder neu bekämpfen. So wäre der deutsche Rationalismus eine Art Exorzismus, nämlich des Irrationalismus. Hinzu kommt der Hang zum Messianischen bei deutschen Intellektuellen. Auch ich bin nicht frei davon, versuche aber, dem mit Humor zu begegnen.

Ohne Humor sind wir sowieso verloren. Ich überblicke die Wissenschaftsgeschichte, als Miterlebender, seit rund 35 Jahren, also ungefähr seit der Zeit, als der Urknall sein missgestaltetes Haupt erhob und sich anschickte, sich in den Köpfen der Wissenschaftsgemeinde und der „Laien" festzusetzen. Ansätze zu dieser Fiktion gab es schon lange vorher, aber zum Dogma wurden sie erst seit Mitte der 60er Jahre. Den generellen Trend zur Dogmatisierung kann man mehr oder weniger stark ausgeprägt seit Jahrhunderten beobachten; früh übernahm die abstrakte Naturwissenschaft von den Kirchen die arrogante Machtgebärde und die dogmatische Wut gegen alle Ketzer. Mit einigem Recht spricht der Schriftsteller Robert Anton Wilson, bezogen auf die letzten Jahrzehnte und die scientific community in den USA, von der „neuen Inquisition".

r&z: Woran liegt es Ihrer Meinung nach, dass die Deutschen besonders wissenschaftsgläubig sind?

JK: Sind die Deutschen „besonders wissenschaftsgläubig"? Das ist schwer entscheidbar, aber durchaus möglich. War es früher anders und besser, das heißt gab es früher einen „wissenschaftlichen Disput", wie es ihn heute nicht mehr gibt? Auch da bin ich unsicher. Es ist ja immer wieder versucht worden, die Wissenschaftsgeschichte seit ungefähr 50 Jahren – oder sagen wir: seit dem Manhattan-Projekt, das zum Bau der ersten Atombombe führte – von der davor abzugrenzen. Auch Chargaff tut das. Das hat mich nie völlig überzeugt. Es sind gewaltige Apparate entstanden seitdem, aber der Grundstrom war längst vorgegeben; er liegt im kollektiven Bewusstsein. C. F. v. Weizsäcker hat wohl recht, wenn er die abstrakte Naturwissenschaft als den „harten Kern" der neuzeitlichen Kultur bezeichnet, als ihr „ständig wachsendes Stahlskelett". Diesen Kern müssen wir aufbrechen. Wenn das nicht gelingt, ist alles vergeblich.

Kriterien einer anderen Naturwissenschaft

r&z: Was wären die wichtigsten Kriterien einer anderen Naturwissenschaft, einer, der Sie zustimmen könnten?

JK: Das führt zu der Frage möglicher Kriterien einer anderen Naturwissenschaft. Es ist klar, das es hier nicht um einen Warenhauskatalog meiner Wünsche oder um eine Checkliste gehen kann, auch nicht um moralische Postulate. Mein Buch „Räume, Dimensionen, Weltmodelle" enthält, wie es im Untertitel heißt, „Impulse zu einer anderen Naturwissenschaft", nicht mehr, aber auch nicht weniger. Andere Naturwissenschaft, das ist in meinem Verständnis: die eigentliche und wahre Naturwissenschaft und nicht ein Ensemble von Ideen, wie sich der Philosoph Jochen Kirchhoff, vielleicht naiv und wohlmeinend, Naturwissenschaft vorstellt. Das Buch tritt mit einem hohen Anspruch in die Welt. Unter anderem erhebt es den Anspruch, vielleicht erstmalig ein naturphilosophisches Grundverständnis der Gravitation zu ermöglichen, das jeden Reduktionismus hinter sich lässt. Außerdem gebe ich eine naturphilosophische Erklärung dafür, warum sich die Gestirne bewegen (die herrschende Physik hat hierzu nichts Substantielles beizutragen) und warum sowohl die Newtonschen als auch die Einsteinschen Formeln schlicht falsch sind. Ich zeige die tönernen Füße des Standardmodells der Sonne (an dem auch die meisten Wissenschaftskritiker und Außenseiter-Naturwissenschaftler nicht zweifeln). Damit wird ein ganz neues Licht geworfen auf das, was den Tag zum Tag und die Nacht zur Nacht macht. Ich beweise, dass der Äther existiert, dass man ihn aber gründlich anders denken muss als bisher; „mein" Äther ist zugleich der gesuchte Lichtäther, übersteigt diesen aber, also erschöpft sich nicht darin. Wie ein roter Faden zieht sich durch das Buch der Gedanke, der fundamental ist für jede andere oder wahre Naturwissenschaft: dass nämlich das menschliche Bewusstsein ein integraler Teil des „Weltbewusstseins" ist, dass Raum, Licht und Bewusstsein in der Tiefe zusammengehören, dass alle Modelle, die davon nichts wissen, zum Scheitern verurteilt sind ... In dem Aufsatz „Erforschung der Natur und Denaturierung des Menschen" schreibt Erwin Chargaff, er werde als Wissenschaftskritiker oft gefragt, „ob es alternative Wissenschaften gebe".

„Meine Antwort pflegt zu sein, dass, wie die großen Wissenschaften jetzt konstituiert sind, ich mir keine Alternativen vorstellen könne. Es gebe keine andere Physik, keine andere Chemie. Eine andere Biologie sei vielleicht eher vorstellbar ... Man muss sich nämlich vergegenwärtigen, dass eine Abkehr von den jetzt üblichen Methoden der Naturforschung einen derartigen Riesensprung erfordern würde, dass er ohne vorhergehende soziale moralische und psychologische Revolution von unvorstellbaren Ausmaßen gar nicht

gedacht werden kann. Es wäre ... einer der größten Paradigmenwechsel der Weltgeschichte, vergleichbar mit der Entstehung des Buddhismus und des Christentums."
(Aus: „Vermächtnis", Stuttgart 1992, S. 208/209)

Wie immer man das im einzelnen beurteilt, der Hinweis Chargaffs auf die Notwendigkeit einer Art Kulturrevolution dürfte unbestreitbar sein. Man muss das in ganzer Schärfe sehen. Jede kollektive Bewusstseinsverfassung hat die Naturwissenschaft, die sie verdient; im Kontext der herrschenden Bewusstseinsform lässt sich eine andere Naturwissenschaft nicht verwirklichen. Insofern geht es ohne epochale Bewusstseinsumbrüche nicht ab, die sich aber zaghaft andeuten. Anfang der 90er Jahre hatte ich drei intensive Gespräche mit Erwin Chargaff, in denen es auch um die Frage einer anderen Naturwissenschaft ging. Unvergesslich ist mir insbesondere das erste dieser Gespräche: Chargaff hatte zunächst den von mir geäußerten Gedanken, dass eine andere Naturwissenschaft nicht nur wünschenswert, sondern auch möglich sei, zurückgewiesen. Nur eine „asketische Kultur", meinte er unter Bezugnahme auf Buddha, Laotse und Kungfutse, wäre in der Lage, ein anderes Naturverhältnis zu entwickeln als das unsrige; die Entwicklung ins Verderben und in die Selbstvernichtung sei nicht mehr aufzuhalten. Daher sei es weitgehend müßig, sich um eine andere Naturwissenschaft oder um naturphilosophische Alternativen zu bemühen. Dann aber machte Chargaff eine bemerkenswerte Einschränkung: Der einzige Denker, bei dem wirklich so etwas wie eine andere Naturwissenschaft hindurchscheine, sei Giordano Bruno gewesen; an ihn anzuknüpfen, könne daher sinnvoll sein. Unverzichtbar sei eine erkenntnistheoretische Grundlagenreflexion nach Maßgabe der Frage: Was ist wirklich Wissen und was nur Behauptung und Hypothese? (Meines Wissens hatte Chargaff damals nur meine Schelling-Monographie, nicht aber meine Bruno-Monographie gelesen.)

Mehr Denken und weniger Rechnen

Ich gebe im Folgenden einige Kriterien im Sinne der Frage, muss aber noch einmal betonen, dass ohne einen epochalen Bewusstseinswandel alle Überlegungen dieser Art im Grunde Postulate bleiben. Kriterien einer nicht-reduktionistischen oder integralen (schöpferischen) Naturwissenschaft (ohne systematische Ordnung, fundiert werden diese Andeutungen erst durch mein Buch „Räume, Dimensionen, Weltmodelle"):
1) Nur ganzheitlich integrierte Menschen können sinnvoll und fruchtbar Naturwissenschaft betreiben, die diesen Namen verdient und die notwendig eingebettet ist in einen Weltbildzusammenhang. Das Weltbild, schreibt Wilhelm Reich, kann

> *„nicht vom Schöpfer des Weltbildes getrennt werden".*

> *„Kurz, der Naturforschung, die die Atombombe erfand, steht die Naturforschung, die die kosmische Orgonenergie entdeckte, gegenüber, scharf, klar und unvereinbar."*
> (Aus: „Äther, Gott und Teufel", Frankfurt/M. 1984, S. 84)

Man muss die Hypothese von der Orgonenergie nicht teilen, um die grundsätzliche Richtigkeit dieser Gegenüberstellung einzusehen. Es geht um den Gegensatz von lebenszugewandter und lebensabgewandter (= technischer, abstrakter, reduktionistischer) Naturwissenschaft.

2) Leitend für jede Naturforschung muss stets das lebendige Phänomen sein. Die Abkoppelung abstrakter Modelle von der Empirie, die heute gang und gäbe ist, führt notwendig in die Irre. Werden fiktive Hilfsvorstellungen verwendet, so sollte dies mit einem Höchstmaß an Behutsamkeit geschehen, um nicht Gefahr zu laufen, Fiktion und Wirklichkeit zu vermengen (was ständig geschieht). Die Achse jeder sinnvollen Naturforschung ist lebendige Phänomenologie. Das bedeutet kein „Verbot" von Modellen; aber Modelle dürfen nicht die Macht übernehmen; tun sie das, dann überwuchern sie die Wirklichkeit.

3) Die Mathematik ist zunächst einmal eine Hilfswissenschaft, die nur mit größter Sorgfalt und Behutsamkeit eingesetzt werden sollte. Die Absolutsetzung des Mathematismus in der abstrakten Naturwissenschaft wirkt längst erkenntnishemmend. Vor allem Messen und Rechnen steht das lebendige, an den Phänomenen orientierte Denken. Wir brauchen eine im guten Sinne denkende Naturwissenschaft. („Wissenschaft denkt nicht", sagt Heidegger. Das mag übertrieben sein, trifft aber eine Grundtendenz.) Also: mehr Denken und weniger Rechnen!

4) Die Mathematik – das Zahlengefüge überhaupt – muss auf ihre Naturgemäßheit befragt werden. Die Frage der Wirklichkeit der Zahlen ist ein großes, noch weitgehend dunkles Terrain. Ansätze gibt es, ob nun in der harmonikalen Grundlagenforschung, in der Lehre von den – auch zahlenmäßig fassbaren – Archephonen (Kirchhoff), in einigen Gedanken Peter Plichtas und andernorts. Der Gretchenfrage nach der Mathematik können wir nicht ausweichen. „Wie hältst du's mit der Mathematik?"

5) Der Naturforscher sollte einen Sinn für urphänomenale Zusammenhänge im Sinne Goethes haben. Das ist auch eine Frage des Instinkts, des künstlerischen Empfindens. Ein Naturforscher, der nicht zugleich eine Art Künstler ist, wird immer am Wesentlichen vorbeigehen. Michael Faraday zum Beispiel hatte diesen Instinkt, deswegen verlor er sich nie in abstrakte Spekulationen. Er blieb beim Phänomen.

6) Der Naturforscher ist niemals der allwissende Beobachter, wie dies in der Subjektblindheit der herrschenden Naturforschung unterstellt wird. Er ist integraler Teil des großen Spiels. Das lässt sich am Phänomen der Farben zeigen. Farben sind stets innen und außen, sind stets zugleich Qualitäten des Bewusstseins und Qualitäten der Natur. Reduziert man sie auf pure Physiologie oder Psychologie, verfehlt man das Wesentliche. Wir müssen begreifen, dass wir in einer von lebendigen Qualitäten durchpulsten Welt leben. Geschieht dies nicht, ist alles vergeblich, alles Rechnen absurd und nichtig.

7) „Kosmologie", wenn dieser Begriff überhaupt einen Sinn macht, kann sich nur auf der Grundlage von kosmisch-existentiellen Erfahrungen entfalten. Abstrakte Spekulationen über den Kosmos sind müßig, ja gefährlich, wenn sie gefüttert werden müssen durch megalomanische Technik. Eine echte Bewusstseinsrevolution wird, so glaube ich, die gesamte Megatechnik in der bisher betriebenen Form überflüssig machen.

8) Ich kann nur einer Naturwissenschaft zustimmen, die geleitet wird von der Prämisse:

„Das Universum ist nicht tot, weil wir nicht tot sind."
(A. Goswami)

Ausgangspunkt aller Überlegungen muss unsere eigene Lebendigkeit sein. Nur wenn sich das lebendige Subjekt als integralen Teil einer lebendigen Welt versteht (und erfährt), besteht die Gewähr, dass die gröbsten Fehler und Irrwege vermieden werden, die heute allenthalben grassieren.

9) Zum Lebendigen gehört die Qualität des Bewusstseins. Nur ein von Bewusstsein durchstrahltes Weltall kann von einem Bewusstseinswesen integriert werden, wie es der Mensch darstellt. Das Bewusstsein muss stets den Ausgangspunkt aller Überlegungen darstellen, genauer: das Bewusstsein in Form des lebendigen Geistes, nicht in Form des toten, abstrakten Geistes.

10) Ohne die Kategorie der Ehrfurcht – als gelebte Bewusstseinsqualität – ist Naturforschung gefährlich, ja lebensfeindlich. Das hat Goethe unermüdlich angemahnt. Ehrfurcht kann man nicht anordnen; wenn sie sich nicht herstellt, sollte man besser die Finger von der Natur lassen. Mit Maschinenbauermentalität ist der Natur nicht beizukommen ... Ich will hier abbrechen, weil ich das Gefühl habe, doch in so etwas wie einen Wunschkatalog hineinzugeraten, der – siehe oben – ja ohne einen kulturrevolutionären Umbruch weitgehend müßig bleibt. Mein Buch „Räume, Dimensionen, Weltmodelle" liefert, wie es im Untertitel heißt, „Impulse zu einer anderen Naturwissenschaft". In einem Punkt-für-Punkt-Katalog lassen sich diese Impulse nicht darstellen. So sei jedem, der hier weiterdenken möchte, mein Buch ans Herz gelegt.

Leben kennt diese Naturwissenschaft nur als Sonderfall

r&z: Ist der Dioxinskandal in Belgien nicht eine logische Folge unserer herrschenden Naturwissenschaft? Sie geht davon aus, dass Mensch und Tier chemische Fabriken und dass alles, was sie zu sich nehmen, chemische Produkte sind. Wenn man also Produkte, wie zum Beispiel Tierkadaver in chemische Bestandteile zerlegt (Eiweiße, Kohlehydrate etc.), dann kann ich sie unter Hinzufügen von anderen chemischen Bestandteilen (zum Beispiel Fetten) wieder zu neuen Kreationen zusammenfügen und das als „Kraftfutter" an Agrarfabriken verkaufen. Dass ich damit Qualitäten und Strukuren verändere, interessiert diese Wissenschaft nicht, denn das ist für sie nicht relevant. Wenn dann gesundheitliche Probleme auftreten (BSE) oder Krankheiten beim Menschen durch falsch ernährte Tiere, muss das andere Ursachen haben (so die Naturwissenschaft). Ist deshalb die herrschende Naturwissenschaft nicht direkt lebensfeindlich und somit gefährlich?

JK: Dem von Ihnen aufgezeigten Zusammenhang kann ich vollständig zustimmen. Man muss sich immer wieder klarmachen, dass die herrschende Naturwissenschaft Tag für Tag unser Leben bestimmt, dass wir umfassend gesteuert und manipuliert werden. Als lebendige Wesen müssen wir uns dagegen wehren. Zentral wichtig ist die Weltbildqualität der abstrakten Naturwissenschaft. Weil die Technik weitgehend funktioniert, glauben viele: Was funktioniert, muss stimmen. Wenn dies hier stimmt (auf der Erde), muss es auch dort stimmen (im Universum). Die wenigsten begreifen den zirkelhaften Charakter dieser Überlegungen. Unaufhörlich wird den Menschen ein Bild von der Welt vermittelt, in dem eigentlich Leben und Bewusstsein nur als Sonderfall, als verrückte Ausnahme vorkommt. Das hat tiefgehende und langfristig ruinöse Auswirkungen. In gewisser Weise hat sich der Mensch – unter der Ägide der technischen Naturwissenschaft – gleichsam selbst abgeschafft. Er ist zur absurden Zufallskonfiguration geworden. Das hat mit Menschsein im eigentlichen Sinne nichts mehr zu tun. Da müssen wir ansetzen mit unserem Protest.

r&z: Führt die Unkenntnis der herrschenden Naturwissenschaft über lebende Systeme nicht unter anderem dazu, dass sogenannte Strahlengrenzwerte für Menschen eingeführt werden, die viel zu hoch sind, weil diese Wissenschaft davon ausgeht, dass Strahlenwerte in diesem Bereich gesundheitlich unbedenklich sind?

JK: Sicher kennt die Mainstream-Naturwissenschaft nicht das, was lebende Systeme ausmacht und konstituiert. Ich plädiere dafür, auch das Wort „System" zu streichen, weil es bewusstseinsgeschichtlich belastet ist mit der Kybernetik der 40er Jahre und mit einem

Denken, das gleichfalls subjektblind oder subjektvergessen ist. Ken Wilber hat eine grandiose Kritik der Systemtheorie geliefert; für ihn – wie für mich – gehören auch die meisten der heute gehandelten Systemtheorien zur „Flachland-Ontologie" (Wilber).

r&z: Jochen Kirchhoff, wir wünschen Ihnen für Ihre weitere Arbeit und vor allem natürlich für Ihr neues Buch viel Erfolg! Je weiter dieses Buch verbreitet wird, umso größer wird die Hoffnung, dass es gelingt, aus dem Bewusstsein auszubrechen, in dem wir uns selbst und die herrschende Naturwissenschaft noch immer gefangen halten. Herzlichen Dank für dieses Interview!"

* * *

$$E = mc^2$$

$$\nabla D = 4\pi\rho$$

$$\Delta t = \frac{2L}{c}\frac{1}{\sqrt{1-\beta^2}}$$

$$\Delta t = \frac{\Delta t_0}{\sqrt{1-\beta^2}}$$

$$1 = 0{,}999999999999$$

$$\beta > 1 \; ; \; \Delta t > \Delta t_0$$

$$E = \hbar\omega$$

$$m_0 \vec{a} = \vec{F}$$

$$1 + e^{i\pi} = 0$$

$$E_0 = \frac{\hbar^2}{2}$$

$$f(x) = \int_{-\infty}^{\infty}\delta(x-y)\,f(y)\,dy$$

$$\frac{dp}{dt} = \vec{F}$$

$$\cos^2\theta + \sin^2\theta = 1$$

$$A(u) = \int_{\Omega}\left(1 + |\nabla u|^2\right)^{1/2}$$

$$\exp(x) = \sum_{n=0}^{\infty}\frac{x^n}{n!}$$

$$dE_p = dm \cdot c$$

$$\int dx = \sqrt{\pi}$$

$$G_{\mu\nu} = 8\pi G\left(T_{\mu\nu} + \rho_\Lambda g_{\mu\nu}\right)$$

$$i\hbar\frac{\partial\Phi}{\partial t}(x,t)$$

$$i\hbar\frac{\partial}{\partial t}\Psi(\vec{r},t) = \left[-\frac{\hbar^2}{2m}\nabla^2 + V(r,t)\right]\Psi(r,t)$$

„Schon Newton hatte Schwierigkeiten,
Gravitation als reale Kraft
zu begreifen.“

„Das Bild des Universums,
das bei all dem herausgekommen ist,
ist von monströser Sinnlosigkeit,
ja Absurdität.“

Einstein forever?

Ein kleiner Abgesang auf eine Kultfigur

Gefeiert, gelobt und auf Händen getragen – der Physiker Albert Einstein wurde anlässlich des Einsteinjahres 2005 in allen Medien hochgejubelt, wie selten zuvor. Man könnte fast meinen, dass sich seit seinen Erkenntnissen nichts Neues mehr im Physik-Bereich getan hat. Die Mainstream-Physiker stellen Einstein zu wenig in Frage und sind gleichzeitig gegenüber den neuen Entwicklungen überkritisch und ablehnend. Jochen Kirchhoff nimmt einige Gedanken der Physik-Ikone in diesem Essay kritisch unter die Lupe.

Wer sich der Mühe unterzieht, den Einstein-Rummel dieses Jahres, wie er von den Medien betrieben und angeheizt wird, zur Kenntnis zu nehmen, der kommt aus dem Staunen nicht heraus. Der Kniefall vor dem „Gehirn des Jahrhunderts", dem „größten spekulativen Genie aller Zeiten" (so der „Spiegel")[1] ist Personenkult pur und hat etwas Schwindelerregendes und Beklemmendes.

Albert Einstein Superstar

Oft fasst man sich wie betäubt an den Kopf, als ob man einer Sinnestäuschung erlegen sei. Soweit das Auge reicht in der vom Mainstream-Denken bestimmten Landschaft: Kein kritisches Lüftchen regt sich, von machtvollen Windstößen zu schweigen. Alle Welt, so scheint es, liebt Albert Einstein, liebt die Relativitätstheorie (meist ohne sich ernsthaft damit zu beschäftigen). Sicher, auch der physikalische Laie hat davon gehört, dass Einstein gegenüber den Quantentheoretikern, trotz langjähriger Versuche, sie zu widerlegen, gescheitert ist, ja sich fast lächerlich gemacht hat. Der gefeierte Revolutionär argumentierte hier plötzlich erzkonservativ. Das hat seinem Ruhm wenig geschadet. Hinzu kommt die politisch-weltanschauliche „Korrektheit": Hatten nicht die Nazis rüde polemisiert gegen die „jüdische Physik", war nicht das Jahrhundertgenie in die Emigration gezwungen worden und hatte man nicht im „real existierenden Sozialismus" jahrzehntelang die Relativitätstheorie als „bürgerlich-idealistisch" abgelehnt (wie auch die Quantentheorie), obwohl man dann doch mehrheitlich (lange vor 1989) eingeknickt ist? Das ist nicht ohne Folgen geblieben, auch wenn es mit Physik zunächst nichts zu tun hat. Pro-Einstein zu sein, das gilt als „politisch korrekt". Wer durchblicken lässt, dass er da Einwände hat, sieht sich schnell Verdächtigungen ausgesetzt, und zwar nach dem Motto: Wer Einstein kritisiert, ist ein physikalischer Ignorant, er hat die Relativitätstheorie nicht verstanden, kann sie gar nicht verstanden haben, denn sie ist zweifelsfrei bewiesen.

Unermüdlich wird in der Öffentlichkeit der Eindruck

erweckt, die Kernpunkte der Relativitätstheorie seien ein für allemal bestätigt worden: Zeitdehnung, Längenkontraktion, Lichtgeschwindigkeit als absolute Größe, Raumkrümmung, Schwere als Trägheitsbewegung in einem durch große Massen verformten Raum, vierdimensionale Raumzeit und vieles mehr.

Diese „Bestätigung" hat nicht nur in Physik-Lehrbüchern Eingang gefunden, sondern auch in weiten Bereiche der Alltagskultur über Zeitungen, Zeitschriften, TV-Wissenschaftsjournale und unzählige populäre Präsentationen. Dass Zeit und Raum nicht mehr das sind, als was sie früher einmal galten, also separate Weltkoordinaten, dass sie vielmehr eine Weltgröße darstellen, die unter dem Namen „Raumzeit" auftritt, dass irgendwie „alles relativ" ist, nur das Licht nicht, – das und Ähnliches hat sich so festgesetzt in den Köpfen, von denen, die meisten sich niemals näher mit Physik beschäftigt haben, dass es einen nüchternen Beobachter immer wieder neu verblüfft. Wie war so etwas möglich? Wie konnte es soweit kommen, dass eine hoch spekulative und hoch abstrakte Theorie, die die wenigsten überhaupt verstehen, als zweifelsfrei bewiesen dasteht und zugleich, zusammen mit ihrem Schöpfer oder Erfinder, zu Weltruhm und einer Art Kultstatus gelangt ist? Einstein als Ikone, als Medienstar, als Popgröße, Witzbold und „trotteliger Professor", antibürgerlich und frech, der neugierigen Reportern schon mal die Zunge herausstreckt ... Die Leute mögen das. Dieser grandiose Selbstdarsteller und Superstar, der die wohl verblüffendste Wissenschaftlerkarriere durchlaufen hat, die das 20. Jahrhundert kennt und dem offenbar Gedankenexperimente interessanter erschienen als die reale Welt, –

dieser Albert Einstein wird auch von Künstlern und Schriftstellern und Intellektuellen geliebt und bewundert. Man muss einmal in einem Kreise von ausgewiesenen Nicht-Physikern, die Einstein für ein Genie halten, Zweifel anmelden, was die Grundlagen und Folgerungen der Relativitätstheorie anlangt, und man wird staunend feststellen, dass auch und gerade diejenigen, die von Physik nichts verstehen, an Einstein nicht rütteln lassen wollen. Wer Einstein „madig macht", läuft schnell Gefahr, auch politisch-moralisch ins Zwielicht zu geraten. Das war lange – und je nach Windrichtung des Zeitgeistes – auch bei Karl Marx, Sigmund Freud und Charles Darwin nicht anders. Die Marxisten haben mittlerweile abgewirtschaftet, die Freudianer sind in Rückzugsgefechte verstrickt, während die Darwinisten, obwohl auch ihr Flagschiff reichlich angeschlagen wirkt, noch immer „gut dastehen". Von den Einsteinianern kann man sogar sagen, dass sie heute besser denn je dastehen, nicht zuletzt deshalb, weil die moderne Kosmologie ohne ihren Gründervater Einstein gar nicht denkbar wäre. Und dabei spielt es keine Rolle, dass Einstein als Widersacher der Quantentheorie genauso gescheitert ist wie in seinen Bemühungen in Richtung auf eine einheitliche Feldtheorie und dass er in manchen Details – selbst im Rahmen der Mainstream-Physik – gründlich irrte. So beruht etwa die erste seiner Bemühungen, die Energieformel aus relativistischen Prämissen abzuleiten, auf einem (eigentlich peinlichen) Lapsus: einem logischen Zirkelschluss, der also das voraussetzt, was eigentlich erst bewiesen werden soll.[2] Zirkelschlüsse dieser Art, dies nebenbei bemerkt, kommen in der Physik häufiger vor.

Einstein-Ballett

Während der Vorbereitungen und der Recherche zu diesem Essay hörte ich im Rundfunk, dass in London ein Ballett zur Relativitätstheorie, mit der Musik von Franz Léhar, in Vorbereitung sei. Das war Ende Mai (2005); mittlerweile wird es Aufführungen geben beziehungsweise gegeben haben. Als ich das hörte, beschlich mich jenes eigenartige Gefühl, das mich immer dann beschleicht, wenn die Wirklichkeit so brutal-eindeutig zur Realsatire wird. Und unsere Zeit liefert uns mehr oder weniger täglich Realsatiren dieser Art. Getanzter Einstein, zur Musik des Operettenkomponisten Franz Léhar – der „ganz normale Wahnsinn" im Einstein-Jahr 2005. Das mag ein kurioses Randphänomen sein und als solches kaum der Erwähnung wert, – bemerkenswert bleibt es allemal als Dokument des öffentlichen Umgangs mit Einstein und „seiner" Relativitätstheorie.

Die zweifache Relativität

Die Spezifische Relativitätstheorie besteht eigentlich, wenn man sie logisch und physikalisch analysiert, aus zwei Theorien. In der ersten Theorie sind die beiden Axiome der Speziellen Relativitätstheorie in ihren Konsequenzen nur Scheineffekte, quasi mathematische Gedankenspiele, die aber nicht buchstäblich real sind. Es wird angenommen, dass nur Relativbewegungen physikalische Bedeutung haben und dass die Lichtgeschwindigkeit für jeden Beobachter, unabhängig von seiner

Bewegung, konstant ist. Also Längen werden nicht wirklich verkürzt (es scheint nur so); die Zeit dehnt sich nicht wirklich (es scheint nur so) und so weiter.

Man kann das witzig oder originell finden, weil man in sich widerspruchsfrei damit rechnen kann. Das Licht lässt sich mathematisch-abstrakt zum Absolutum stilisieren – für den Mathematiker kein Problem. Damit kann man das Raum-Zeit-System, bislang fest verankert, aus dieser Verankerung reißen und eben „relativieren". Nun müssen derartige Rechenoperationen, die man vornehmen kann (auch wenn sich fragen lässt, was das mit solider Physik zu tun hat), nicht die Realität tangieren.

Schließlich kann ein metrischer Als-ob-Effekt nichts an den Dingen ändern, wie sie wirklich sind. Würde er dies können, wäre er ein realer Effekt, wobei natürlich die Frage aufsteigt, wie dies möglich ist. Verlässt man also den hermetischen Zirkel der Als-ob-Welt der mathematischen Abstraktion und begibt sich in die Welt der physikalischen Realität, wird es heikel. Plötzlich geraten Schein und Realität verwirrend durcheinander. Was ich von meinem – relativen und wie immer bewegten – Beobachterstandort aus messe, soll nun real sein. Metrische Operationen, die die absolute Größe der Vakuumlichtgeschwindigkeit nicht antasten dürfen, werden nun überraschend ontologisiert. Die mathematische Fiktion wird zur Wirklichkeit erklärt. Es gibt nun kein Als-Ob mehr, sondern „knallharte Realität". Damit sind wir bei der zweiten Theorie in der Speziellen Relativitätstheorie.

Der Abgrund von Schein und Realität

Einstein und seine Anhänger changieren ständig zwischen beiden Varianten mit eindeutiger Präferenz für die zweite, also für die wundersame Wirklichwerdung von axiomatisch gesetzten Messvorschriften. Das geht bis in die Sprache hinein, wie man in Physik-Lehrbüchern verfolgen kann. Oft heißt es, bezogen auf den Effekt x, etwa die gedehnte Zeit: „ ... scheint für einen bewegten Beobachter" ... Was heißt das: „scheint" für einen bewegten Beobachter (= Als-ob-Effekt)? Oder: Löst der bewegte Beobachter einen physikalisch realen Effekt aus, durch Fernwirkung sozusagen? (Wie geschieht das?) Dass wir hier auf kritischem Terrain sind, wissen natürlich die Anhänger der Speziellen Relativitätstheorie. Sie haben dafür eine Lösung: Fragen dieser Art werden als „Scheinfragen" deklariert, als – beliebtes Wort – „vorrelativistisch". Damit tut sich ein Abgrund auf. Welche Vorstellung von Wirklichkeit wird hier vorausgesetzt?

Abgründe und Paradoxien dieser Art (auch in der Quantentheorie) erfreuen sich großer Popularität. Wer nach Schein und Realität fragt, wer hier kritische Unterscheidungen anmahnt und gerne wissen möchte, was Äpfel und was Birnen sind, wird gewissermaßen abgestraft. Er muss sich das Verdikt gefallen lassen, nun gar nichts begriffen zu haben. – So ist es allen Kritikern seit den 20er Jahren bis heute ergangen, und die Fronten stehen sich unversöhnlich gegenüber. Ein rationaler Dialog kommt selten zustande. Als jemand, der seit vielen Jahren in der Öffentlichkeit als Kritiker der modernen Physik und Kosmologie auftritt (in Büchern, Aufsätzen, Podien, Vorträgen), weiß ich, dass jeder Dialog, der die Fundamente der abstrakten Naturwissenschaft berührt – ihre Axiome, Prämissen, ihren erkenntnistheoretischen Ansatz – , schnell an seine Grenzen gerät. Wer mit bestimmten Prämissen arbeitet und als Wissenschaftler seinen von der Gesellschaft dotierten Platz gefunden hat (etwa als Professor für theoretische Physik oder als Direktor eines Max-Planck-Instituts), wird keine Lust verspüren, nun den Ast anzusägen (oder gar abzusägen), auf dem er sitzt. Die gesamte Kosmologie, wie sie heute als physikalische und mathematisch-abstrakte Kosmologie betrieben wird und sich in „Weltmodellen" ausdrückt, basiert auf unbewiesenen, ja unbeweisbaren Prämissen, auf axiomatisch gesetzten Grundannahmen, die in jede Messung oder Beobachtung einfließen und deren Deutung bestimmen.

An diesen metaphysischen Setzungen, von Einstein bis zu den Kosmologen, habe ich begründete Zweifel. Das Bild des Universums, das bei all dem herausgekommen ist, ist von monströser Sinnlosigkeit, ja Absurdität. Sollte ein Weltgeist dieses Universum des Urknalls, der schwarzen Löcher und der thermonuklearen Höllen der Sterne geschaffen haben, kann es sich nicht um ein intelligentes Wesen handeln. Wenn die Als-ob-Effekte ontologisiert werden, also physikalisch real sein sollen, ist eigentlich die Relativitätstheorie überflüssig. Dann geht es um reale Effekte, die solide erklärt werden müssen. Wenn ein Stück Materie sich verkürzt, etwa der Teil einer Apparatur in der Bewegungsrichtung der Erde (siehe das Michelson-Morley-Experiment), dann lässt sich fragen, welche realen physikalischen Kräfte dafür verantwortlich sind. Man kann nicht beides haben: Das

Relativitätsprinzip mit seinen Als-ob-Effekten und dem Raum-Zeit-Verschiebebahnhof, den die Absolutheit der Lichtgeschwindigkeit erzwingt, und das Prinzip realer Kräfte mit realen Effekten in einem verlässlichen Ordnungssystem (das sozusagen immun ist gegen den relativistischen „Virus").

Die Relativitätstheorie bestätigt sich selbst

Hinzu kommt, dass es für die Zentralbehauptung der Speziellen Relativitätstheorie – also die Absolutheit des Lichtes beziehungsweise der Lichtgeschwindigkeit – keinen empirischen Anhaltspunkt, geschweige einen Beweis gibt, der einer kritischen Betrachtung standhält. Generell lässt sich feststellen, und das gilt für die Spezielle Relativitätstheorie und die Allgemeine Relativitätstheorie gleichermaßen:

„Die Bestätigung der Relativitätstheorie setzt die Relativitätstheorie voraus." [3]

Zu diesem Urteil kommt der Physiker und Biochemiker Walter Theimer; und mit ihm kommen etliche andere Einstein-Kritiker (so auch ich) zu dem Ergebnis, dass die so bewunderte Theorie zirkelhaft gebaut ist, das heißt, stets das voraussetzt und voraussetzen muss, was eigentlich bewiesen werden soll. Um die Größe c (= Lichtgeschwindigkeit) konstant zu halten, müssen die Raum- und Zeitmaße relativiert werden. Und umgekehrt. Auch die vierdimensionale Minkowski-Welt ist – kritisch analysiert – nichts weiter als eine mathematische Illustration der Einsteinschen Behauptungen und kann ihrer Struktur nach gar nicht bewiesen werden. Das gilt für praktisch alle „Weltmodelle", auch wenn deren Erfinder und Bewunderer das in der Regel nicht durchschauen, weil ihnen logische und erkenntnistheoretische Grundfragen entbehrlich erscheinen, ja lästig sind. Selbst der Einstein-Bewunderer Max Jammer, den die Mainstream-Physiker als einen der bedeutendsten Wissenschaftstheoretiker in hohen Ehren halten und dessen Buch über das Raumproblem in der Erstausgabe ein Vorwort von Einstein ziert (von 1953), kommt mit Blick auf die relativistische Ableitung der behaupteten Massenzunahme bewegter Elektronen zu dem Urteil:

„Das willkürliche Moment, das in der Begriffskonstruktion der Theorie zum Ausdruck kommt, erscheint wiederum in der Interpretation der empirischen Daten." [4]

(So nachzulesen in seinem Buch „Der Begriff der Masse in der Physik" von 1964). Dieses „willkürliche Moment", in Verbindung mit der Zirkelhaftigkeit der Argumentation, ist geradezu ein Hauptmerkmal beider Relativitätstheorien. Das berühmte „Additionstheorem der Lichtgeschwindigkeit" (am Ende kommt immer c heraus, egal, welche Geschwindigkeit v man hinzuaddiert) ist kein mathematischer Beweis, sondern setzt c als absolute Konstante schlicht voraus.

Ist das Licht eine Variable?

Schon zur Zeit der Erfindung der Speziellen Relativitätstheorie lagen unterschiedliche Messungen der Lichtgeschwindigkeit vor. Die „absolute Konstante c" hat keine empirische Basis. Das möchte ich ausweiten auf alle Konstanten. Es hat immer Abweichungen gegeben. Die Lichtgeschwindigkeit ist offenbar zyklischen Veränderungen unterworfen; auch gibt es Indizien für eine Richtungsabhängigkeit. Ich selbst habe die These zur Diskussion gestellt, dass die auf der Erdoberfläche gemessene Größe c auch breitengrad- und tageszeitenabhängig ist und dass darüber hinaus das kosmische Licht eine Wechselwirkungsgröße der Radialfelder der Gestirne ist und damit, umfassend gesehen, eine Variable, die als Basisgröße für kosmologische Spekulationen nicht herhalten kann (siehe Quellen: „Licht der Natur – Licht des Geistes"). 1972 hat man die Lichtgeschwindigkeit per Definition festgelegt, – ein im Grunde skandalöser Vorgang, weil dadurch eine dogmatische Behauptung per Dekret festgeschrieben wurde. Empörung darüber von Seiten der Physiker hat es meines Wissens nicht gegeben. Schon das ist ein bedenkliches Symptom. Die theoretischen Physiker lieben die starren, über riesige Zeiträume hinweg konstanten Größen, mit denen sie dann im abstrakten Raum operieren können. Mit einer wirklich lebendigen Welt, in der auch die Zeit lebendig ist, können sie nichts anfangen. Daher ihre Vorliebe für die „Zeitumkehr-Invarianz", die schon in der klassischen Physik angelegt ist, aber bei Einstein ihren Gipfelpunkt erreicht. Unsere lebendige Erfahrung ist eine fortgesetzte Widerlegung dieser postulierten Invarianz der Zeitrichtung.

Schon die Messung der Lichtgeschwindigkeit hat ihre Tücken. Was wird eigentlich gemessen? Diese Frage, so überraschend es klingt, ist keineswegs geklärt. Oft unterscheiden die Physiker nicht streng zwischen Einweg-Geschwindigkeit und einer gemittelten Zweiweg-Geschwindigkeit des Lichtes („Hin-und-zurück-Geschwindigkeit"). Auch variieren die Messvorschriften. Das Ganze ist im einzelnen sehr kompliziert, wird aber von den Anhängern der Speziellen Relativitätstheorie unzulässig vereinfacht, so als seien Fragen dieser Art zweitrangig. Das sind sie nicht. Wenn schon Physik, dann richtige Physik und nicht eine Mischung aus ungestützter Metaphysik und Messdaten, deren Voraussetzungen und Rahmenbedingungen nicht klar festgelegt sind. Diese Festlegung muss man aber erwarten, sonst sind die Messergebnisse nichts wert. Der Lichtversuch von Michelson und Morley (Chicago 1887), der Weltruhm erlangt hat (auch als Initialzündung für die Spezielle Relativitätstheorie), ist ein interessantes Beispiel für die Tücke von Messung und Interpretation.

Michelson-Morley: Licht, Äther, Erdbewegung

Ziel des Versuches war es, die Geschwindigkeit der Erdbewegung durch Beobachtung eines in Richtung der Erdbewegung fallenden Lichtstrahls und eines dazu senkrecht verlaufenden zu bestimmen.

Schon 1881 hatte Michelson – damals noch Michelsohn – den Versuch allein durchgeführt, und nach 1887 gab es mehrere Nachfolgeversuche mit der gleichen Grundanordnung. Alle Versuche gingen von der Existenz eines im Weltall ruhenden Äthers (Lichtäther) aus. Man hatte errechnet, dass die Zeitdauer der beiden Lichtstrahlen geringfügig verschieden sein müsste, was durch ein raffiniert konstruiertes Spiegelsystem dann auch beobachtbar und messbar wäre (über so genannte Interferenzstreifen). Davon zeigte sich jedoch nichts. Es gab keinen „Ätherwind", und alles verlief so, als ob sich die Erde in Ruhe befände. Das zu begreifen war für die Physiker ein harter Brocken. Es gab sofort Ad-hoc-Hypothesen, die aber wenig überzeugend waren. Warum zeigte sich kein Ätherwind? Eine genaue Untersuchung der Ergebnisse gerade späterer Lichtversuche lässt das Nullresultat wieder fragwürdig erscheinen. Offenbar hat es doch – wenn auch geringe – Ätherwindeffekte gegeben. Wenn es sich so verhält, müssten diese interpretiert werden. Laut Spezieller Relativitätstheorie kann und darf es Effekte nicht geben, die auf einen Einfluss der Orbitalgeschwindigkeit der Erde auf die Lichtgeschwindigkeit schließen lassen.

Nahe liegend war die Annahme, dass der Lichtäther von der Erde mitgerissen wird. Wird der Äther wie ein im Weltraum ruhendes Medium vorgestellt, letztlich wie ein, wenn auch feiner Stoff (sehr dicht und elastisch zugleich), dann kann in der Tat ein Gestirn wie die Erde diesen Äther nicht so weitgehend mitnehmen, wie es notwendig wäre, um die Nulleffekte des Michelson-Morley-Versuches zu erklären. Das gilt auch, wenn es minimale Ätherwindeffekte gegeben hätte. Diese sind nur für die Spezielle Relativitätstheorie ein existenzbedrohender Faktor, nicht dagegen für eine „Äthertheorie", die die Vorstellung eines mechanistisch gedachten und ruhenden Weltäthers überschreitet. Ich glaube, dass der Äther identisch ist mit dem, was ich mit Helmut Krause als Raumenergiefeld bezeichne. Dieses aus dem Gestirnkern verstrahlende Feld wird von der Erde mitgeführt, oder genauer: Das Feld führt die Erde mit. Beide ruhen im Verhältnis zueinander. So ist das Nullresultat von Michelson-Morley erklärbar.

Etwas für Einstein-Fans

Hier – zwischendurch – eine kleine Denkaufgabe für bekennende Einsteinianer. Das Männchen a reitet auf einem Lichtstrahl in die eine Richtung (diese abstrakten Männchen bevölkern ja die Einsteinsche Welt), während das Männchen b in die genau entgegen gesetzte Richtung auf einem Lichtstrahl dahinrast. Wie schnell ist Männchen a für Männchen b – und umgekehrt? 2 c – also das Doppelte der Lichtgeschwindigkeit, oder – gemäß dem Additionstheorem – nur c? Ich habe das Gedankenexperiment nicht erfunden; in der Grundrichtung ist diese Frage schon vor Jahrzehnten gestellt worden. Max von Laue, der Einstein-Freund und –Bewunderer, sprach sich für 2 c aus (auch ohne die Männchen). Warum eigentlich? Bricht damit nicht das ganze Gebäude in sich zusammen? Ich kann auch einen Betrag nehmen, der geringfügig über der Hälfte von c liegt als Reisegeschwindigkeit der Phantom-Männchen, die durch die Physik-Lehrbücher geistern. Die Struktur der Frage bleibt die gleiche. Auf jeden Fall wäre c als Relativgeschwindigkeit für die zwei imaginären Beobachter überschritten.

Von der Lebensdauer der Einstein-Männchen

Den Großteil der seit Einstein so beliebten Gedankenexperimente halte ich für illegitim. Das Einstein-Männchen im Fahrstuhl etwa, das nicht unterscheiden kann zwischen Schwerkraft und Trägheit, ist noch vergleichsweise harmlos gegenüber den Berechnungen, dass zwei Zwillingsbrüder, die in einem Höhenunterschied von zehn Meter zwischen den jeweiligen Etagen eines Hauses leben, nach 30 Millionen Jahren eine Differenz ihrer Lebensdauer von einer Sekunde erreichen (was sich in dem renommierten Lehrbuch „Mechanik Relativität Gravitation" von Falk/ Ruppel nachlesen lässt). Die dem Text zugeordnete Abbildung zeigt ein stilisiertes Hochhaus, wobei aus je einem Fenster in verschiedener Höhe eines der Einstein-Männchen herauslugt. Der untere Bruder breitet beide Arme aus; offenbar ist er beglückt, dass er, wie ihm Einstein bewiesen hat, langsamer altert, obwohl er vielleicht bedauert, dass der Effekt so klein ist und sich erst bei einer Lebensdauer von 30 Millionen Jahren um eine Sekunde bemerkbar macht.[5] Das breite Publikum, so scheint es, liebt diese und ähnliche Phantasmagorien. Es liebt mathematische Tagträume besonders dann, wenn diese sich auf suggestive Weise über Computersimulationen bebildern lassen. Diese Bebilderungen sind mittlerweile so ausdifferenziert, dass die erkenntnistheoretischen und physikalischen Absurditäten, auf denen sie basieren, kaum ins Bewusstsein treten.

Die Physik und das Absurde

„Nirgendwo sonst scheint es schwieriger zu sein, das Absurde als solches zu erkennen als in der Wissenschaft", heißt es in dem intellektuell brillanten Buch „Requiem für die Spezielle Relativität" der Physiker G. Galeczki und P. Marquardt von 1997.[6] Der tatsächliche – wenngleich geringe – Einfluss des Gravitationspotentials auf den Gang von Uhren, für den es Anhaltspunkte gibt, hat mit den Einsteinschen Fiktionen nichts zu tun. Das bekannte Experiment von Hafele und Kesting Anfang der 70er Jahre, das die relativistische Veränderung des Uhrengangs beweisen sollte, hat diesen Beweis – entgegen anders lautenden Verlautbarungen – in keiner Weise erbracht. Louis Essen, der als Vater der ersten Atomuhr („Caesium-Uhr") gilt, ein ausgewiesener Fachmann der Zeitmessung, hat den Versuch analysiert und ist zu einem vernichtenden Urteil gelangt.[7] Keine einzige der angeblichen Bestätigungen der Speziellen und der Allgemeinen Relativitätstheorie hält einer kritischen Überprüfung stand. Immer ist es so, dass die „Bestätigung" nur dann eine ist, wenn das zu Beweisende schon vorausgesetzt wird, womit sie sich selbst aufhebt. Gedankenexperimente, Computersimulationen und kosmologische Behauptungen sind im strengen Sinne keine Physik, wenn diese empirische Naturwissenschaft sein will. Und da ist die Relativitätstheorie ein Lehrbeispiel, wie es prägnanter und aussagestärker kaum sein kann. Der Kernpunkt ist immer der gleiche: Mathematische Beziehungen, die in sich konsistent erscheinen, werden ontologisiert, das heißt, zu physikalischen Wirklichkeiten erklärt, und häufig werden logische und physikalische Ungereimtheiten, von denen es in der Speziellen Relativitätstheorie und der Allgemeinen Relativitätstheorie wimmelt, in Kauf genommen, um einem mathematischen Formalismus Genüge zu tun. Alle „Weiterentwicklungen" der Allgemeinen Relativitätstheorie etwa bis in die Gegenwart hinein tragen diesen Makel an sich. Deswegen sind die „Weltmodelle" und mathematischen Kosmologien so uniform und trostlos. Ich sage es noch einmal: Wenn das die Wirklichkeit sein soll, kann der Weltgeist nicht intelligent sein. Jeder Grashalm spricht eine andere Sprache: die einer lebendigen Intelligenz. Und letztlich ist diese der eigentliche und einzige Maßstab für das, was als Wirklichkeit gelten kann. Und in diesem Sinne wirkt ein Satz von Max Jammer – in einem Gespräch mit dem Newton-Forscher Ed Dellian und mir (1993) – fast wie eine Drohung:

„Es sieht nicht gut aus für die Wirklichkeit."

Das war primär auf die Quantentheorie bezogen, ausgehend vom Alain-Aspect-Experiment, kann aber als eine Aussage über die Wirklichkeitsferne der abstrakten Physik überhaupt gewertet werden.

E = mc² auf dem Prüfstand

Die Formel $E = mc^2$ ist die berühmteste der Physikgeschichte und zugleich eine der dunkelsten, aussageschwächsten. In der Öffentlichkeit wird die Formel wie keine andere mit Einstein verbunden; sie gilt als „seine" Formel. Gerne zeigt man ihn vor einer Tafel, auf der die

Formel steht, und unermüdlich wird die Behauptung verbreitet, $E = mc^2$ sei eine mathematisch-physikalische Aussage über die Konvertierbarkeit von Masse und Energie, die schließlich durch die Atombombe verifiziert worden sei. Was ist wahr daran? Wer sich mit Einstein kritisch auseinandersetzt, sollte sich der Mühe unterziehen, diese so genannte Energieformel auf den Prüfstand zu stellen. In meinem Buch „Räume, Dimensionen, Weltmodelle" von 1999 habe ich eine knapp 20 Seiten umfassende Grundlagenanalyse der Formel vorgelegt, die physikalische, philosophische und wissenschaftsgeschichtliche Komponenten zusammenschließt.[8] Zunächst sei Galeczki/Marquardt das Wort erteilt:

„Einstein war weder der Erste noch der Scharfsinnigste in der Historie von $E = mc^2$. Einstein dachte ursprünglich nur an elektromagnetische Masse. Sein Hauptverdienst liegt darin, dass diese Beziehung (die um 1910, man kann es nicht besser ausdrücken, keck und eigentlich verantwortungslos verallgemeinert wurde) später zu einer Weltsensation wurde, obwohl man sie bis 1920 nicht ernst nahm: Warum das passieren konnte, ist im Nachhinein unverständlich." [9]

Die Geschichte der Formel reicht weit bis ins 19. Jahrhundert zurück; um 1905, als Einstein seine berühmten Artikel in den „Annalen der Physik" veröffentlichte, war sie in Physikerkreisen bekannt, wurde aber nicht als bedeutungsvoll herausgestrichen. Einstein-Kritiker haben oft den Vorwurf erhoben, Einstein sei im Grunde ein Plagiator. Er habe alle wesentlichen Formeln und Ideen von anderen übernommen (Poincaré, Lorentz,

Langevin, – um nur drei Namen zu nennen). Sicher hat
der Vorwurf eine partielle Berechtigung, aber er „bringt
nichts", weil er vom Wesentlichen wegführt. Im übrigen
räumen mittlerweile selbst Einstein-Anhänger ein, dass
ihr Heros den von ihm verwendeten mathematischen
Apparat weitgehend aus dem Fundus seiner Zeit abge-
borgt hat. Unbestreitbar aber, egal wie man das nun
bewertet, ist die von Einstein vollzogene spekulative
Umwertung und Radikalisierung dieses Formelbestands.
Darin liegt sein „Verdienst", wenn man gewillt ist, das so
zu nennen und mit dem Etikett „genial" zu versehen, –
oder eben das von ihm verursachte Desaster, die bei-
spiellose Verwirrung mit Blick auf Raum, Zeit, Realität,
Licht und Gravitation, die er ausgelöst hat. $E = mc^2$ hat
mit der Speziellen Relativitätstheorie zunächst gar
nichts zu tun. Man kann die Formel interpretieren, ohne
etwas zu wissen oder wissen zu wollen von Längenver-
kürzung, Zeitdehnung oder Konstanz der Lichtgeschwindigkeit. Wie so häufig bei physikalischen Formeln, aus
denen Grundsatzaussagen über die Realität abgeleitet
werden, lässt sich zeigen, dass die hier in Beziehung
gesetzten Faktoren seltsam nebelhaft sind. Selbst das
Gleichheitszeichen ist nicht eindeutig (Identität, Ähnlichkeit beziehungsweise Äquivalenz oder Proportiona-
lität?). Meist wird von Äquivalenz von Masse und Energie gesprochen, aber auch das nicht durchgängig. Was
meint E? Alle Welt, heute mehr als je zuvor, spricht von
„Energie". Aber welche physikalische Realität ist gemeint? Die Lehrbuch-Trivialität der „Fähigkeit, Arbeit
zu verrichten" ist es sicher nicht. Die potentielle Energie kommt bei Einstein gar nicht vor. Ist die kinetische
Energie (Bewegungsenergie) gemeint? Einige Ableitun-

gen der Formel lassen so etwas vermuten, aber die Sache ist nicht eindeutig, widerspruchsfrei (und das propagieren ja die Physiker) schon gar nicht. Irgendwie ist eine Art Ur- und Grundenergie im Sinne eines sehr feinen Stoffes, einer Substanz gemeint. Viele „Laien", die die Formel bestaunen, sehen es so. Die Popularität der Formel lebt geradezu davon, dass der Faktor E (= Energie) letztlich mysteriös bleibt. Im Rahmen der elektromagnetischen Materietheorie, die vor 100 Jahren von vielen Physikern favorisiert wurde (und die heute in Teilen wieder aufgegriffen wird), bedeutet E soviel wie elektromagnetische Strahlungsenergie.

Und m (= Masse)? Kaum ein physikalischer Begriff ist verschwommener als der Massebegriff, der noch bei Newton sehr einfach und schlicht definiert war: als bloße Materiemenge. Für den „Laien" ist Masse irgendwie Materie; die Unterscheidungen der Physik-Lehrbücher verstehen die meisten nicht. Für das breite Publikum, das das Genie Einstein wie einen Guru bewundert, sagt die Formel $E = mc^2$: Materie ist letztlich Energie, ist vollständig auflösbar in Energie, und irgendwie (es gibt ungezählte „irgendwie" in der Physik) hängt diese Beziehung mit der Lichtgeschwindigkeit zusammen. Auch die „Fachleute" haben wenig mehr zu bieten. Exakt verifiziert worden ist die Formel bis zum heutigen Tage nicht. Beobachtbar und messbar ist eine gewisse Konvertierbarkeit von Materie und Energie. Man behauptet, dass nach $E = mc^2$ jedes Gramm Materie einer Energie von 25 Mill. kWh (Kilowattstunden) entspricht; dies soll für jede beliebige Substanz gelten. Eine vollständige Umwandlung von Materie in Energie in der postulierten Form ist niemals direkt und zweifelfrei beobachtet worden. Die bekannten Zerstrahlungsprozesse, genauer analysiert, sind nicht eindeutig. Bei der Kernspaltung ist tatsächlich nur ein Tausendstel der angestrebten und zu erreichenden Energiemenge erreichbar. Der Geltungsradius der Formel auf dem Gebiet der Kernenergie ist sehr beschränkt. – Eine Aussage von Werner Heisenberg aus dem Jahre 1959, die kaum Beachtung fand, mag hier hilfreich sein:

„Es ist gelegentlich behauptet worden, dass die enormen Energiemengen bei den Atomexplosionen unmittelbar durch die Verwandlung von Masse in Energie entstehen und dass man nur aufgrund der Relativitätstheorie diese riesigen Energiemengen voraussagen kann. Diese Ansicht beruht aber auf einem Missverständnis. Die großen Energiemengen, die in den Atomkernen angespeichert sind, waren seit den Experimenten von Becquerel, Curie und Rutherford über den radioaktiven Zerfall bekannt... Die Energie, die bei einer Atomexplosion frei wird, stammt also direkt aus dieser Quelle und ist nicht durch die Verwandlung von Masse in Energie hervorgebracht.“ [10]

Ein Gespräch mit Heisenberg

Mir gegenüber ist Heisenberg (1974) noch in einem anderen Punkt in Distanz zur Relativitätstheorie gegangen, zu der er sich ansonsten kaum kritisch geäußert hat. In einem langen Gespräch über Grundfragen der Physik (über die Goethe-Newton-Kontroverse, über Himmelsmechanik und Masse, über Einstein und die

Gedanken Helmut Krauses zum Raumenergiefeld der Gestirne) führte ich Heisenberg gegenüber den Anspruch Einsteins ins Feld, den „Zusammenbruch der klassischen Mechanik" herbeigeführt zu haben. Heisenberg wies diesen Anspruch zurück. Einstein, so sagte er, habe „einen Hang zu dramatischen Formulierungen" gehabt. Die Newtonsche Mechanik sei tausendfach unter Beweis gestellt worden, etwa bei der Berechnung der Planetenbewegung; von einem „Zusammenbruch" dieser Mechanik könne keine Rede sein. Der Ausgangspunkt in dieser Phase des Gesprächs war mein Hinweis auf die Periheldrehung des Planeten Merkur, die mit Newton nicht erklärbar sei, aber von Helmut Krause – so sagte ich – eine klare Deutung erfahren habe. Heisenbergs Hinweis bedeutete sicher nicht, dass er die Allgemeine Relativitätstheorie ablehnte, wohl aber, dass er deren Geltungsradius eingeschränkt wissen wollte. Zweifellos gilt: Einsteins „Korrekturen" in der Allgemeinen Relativitätstheorie sind nur dann sinnvoll, wenn Newton im Grundsätzlichen recht hat. Hat er dies nicht, das heißt, können die Gestirnbewegungen anders und sinnvoller erklärt werden (wovon ich überzeugt bin), sind die „Korrekturen" Einsteins hinfällig.[11]

Ein kurzer Blick auf die Gravitation

In der Allgemeinen Relativitätstheorie – der Grundlage der heute favorisierten „Weltmodelle" und der Urknall-Kosmologie – wird die Grundkraft Gravitation zur Funktion der Geometrie des Raumes. Was in der Newtonschen Physik schon angelegt ist, kommt hier radikal zum Vorschein. Schon Newton hatte Schwierigkeiten, Gravitation als reale Kraft zu begreifen. Bei Einstein ist der Kraftcharakter der Gravitation vollends verdunstet, aufgelöst in mathematische Abstraktion. Noch im 18. Jahrhundert gab es qualifizierte Debatten über die Frage: Was ist Gravitation? (Der Mathematiker Harro Heuser hat dies in seinem kürzlich erschienenen Buch über Newton erneut ins Bewusstsein gerückt.) Heute sind diese Debatten verstummt, was die Foren und Publikationsorgane der Mainstream-Physik anlangt. Einstein for ever und ohne Wenn und Aber. Ein trauriges Bild. Aber auch sonst – dies kann nicht verschwiegen werden – sieht es eher traurig aus. Eine ernsthafte und nicht durch Ideologien und die eigenen (streng abgestreckten) Claims verstellte Bemühung um die Grundlagen der Naturwissenschaft ist nur ganz vereinzelt zu beobachten. Diese Grundlagen sind nicht selbst naturwissenschaftlich fassbar, wie auch die Mathematik bekanntlich sich nicht selbst begründen kann. Hier ist die Philosophie gefragt.

Was bleibt?

Abschließend möchte ich ein weiteres Mal Galeczki/ Marquardt zitieren und die nachstehende Aussage über die Spezielle Relativitätstheorie auch auf die Allgemeine Relativitätstheorie und große Teile der Mainstream-Kosmolgie ausgeweitet wissen:

„Das von den Kritikern und Ketzern erarbeitete Material ist erdrückend und lässt auf die Frage 'Was bleibt

uns von der Relativität in der Realität?' nur eine Antwort zu: nichts. Die Voraussetzungen, auf denen sie beruht, sind trotz aller nachträglichen Korrekturversuche immer noch so pathologisch, dass es gar nicht möglich ist, aus der SRT (Speziellen Relativitätstheorie) eine realistische Aussage zu gewinnen."[13]

* * *

„Bekanntlich gehört
es seit Galilei zur Essenz
wissenschaftlicher
Erkenntnisbemühung,
Fakten und Werte streng
voneinander zu trennen
– ein fataler Irrweg,
wie wir heute wissen."

„Mit einigem Recht kann der
abstrakt-mathematischen
Betrachtungsart
eine lebensfeindliche Tendenz
unterstellt werden …"

„Urknall" und Hiroshima gehören engstens zusammen

Die lebensfeindliche Tendenz der Naturwissenschaft

Einer der großen, bisher immer noch zu wenig beachteten Denker unserer Zeit ist der Berliner Philosoph und Schriftsteller Jochen Kirchhoff. Seine schonungslose Analyse der modernen Naturwissenschaften, insbesondere der Physik, erklärt, warum diese Welt immer menschenfeindlicher wird. Denn in der Naturwissenschaft unserer Tage ist kein Platz mehr für das Leben. Es ist aus den „Gesetzen" der Physik und Mathematik eliminiert worden, weil es komplex und zyklisch und nicht monokausal und linear ist wie die Naturwissenschaft. Mit dem Leben wird aber auch der Mensch aus den „Gesetzen" der modernen Naturwissenschaft entfernt. Das muß – früher oder später – zur Katastrophe führen. Jochen Kirchhoff hat zu der Schrift von Helmut Friedrich Krause „Der Baustoff der Welt" (eine einheitliche Feldlehre aus kosmischer Sicht) ein Vorwort geschrieben. Darin bezeichnet er das Weltbild, das die orthodoxe Physik sich vom Kosmos macht, als pathologisch und nihilistisch, und er befürchtet zu Recht, dass die gedankliche Zerstörung der Ganzheit des Kosmos durch die Theorien der Physik (vom „Urknall" bis zur Teilchenschleuder) letztlich auch den Planeten zerstört. Da sich viele Gedanken Kirchhoffs mit denen decken, die in raum&zeit artikuliert werden, veröffentlichen wir nachstehend Auszüge aus seinem oben erwähnten Vorwort. Diese erste Veröffentlichung Jochen Kirchhoffs in raum&zeit ist der Beginn einer weiteren Zusammenarbeit mit dem scharfsinnigen Wissenschaftler. Er wird unter anderem Seminare in der raum&zeit akademie halten!

Dass es mit der Intelligenz des überwiegenden Teils der Spezies Mensch nicht weit her sein könne, ist nicht nur von notorischen Pessimisten wie Arthur Schopenhauer vermutet bzw. schlicht konstatiert worden. Wie denn auch anders? Es fällt ja leicht, sich angeekelt abzuwenden von der Art und Weise, wie diese Wesen mit allem und jedem scheitern, zumindest langfristig scheitern. Das Meer von Blut, Wahn und Dummheit, das diesen Planeten seit Jahrtausenden überschwemmt und unbegreiflicherweise noch nicht aus der Bahn geschleudert hat, ist von niemandem ernsthaft zu verkraften, in kein Bewusststein integrierbar – es sei denn in das eines sadistischen Dämons von außermenschlicher Herkunft. Was wir heute erleben, wir Nach-Hiroshima- und Nach-Auschwitz-Menschen, ist der Beinahe-Bankrott unserer Spezies, garniert mit einer unübersehbaren Zahl an frommen oder geistreichen oder dümmlichen Phrasen und ideologischen Attrappen.

Viele spüren, dass mit uns, den Bewohnern des Planeten Erde, irgend etwas fundamental nicht stimmen kann, dass wir – zu einem beträchtlichen Teil – nur als das Ergebnis einer Fehlentwicklung kosmischen Ausmaßes, einer grausigen Abirrung von einem großen Schöpfungsentwurf zu betrachten sind. Es braucht uns hier nicht zu bekümmern, dass Optimisten und Ideologen aller Couleur einen derartigen Ansatz für menschenfeindlich, menschenverachtend oder reaktionär halten. Stellen wir uns einmal auf den Standpunkt von Karl Kraus („Die letzten Tage der Menschheit") und Ulrich Horstmann (die Erde als Heimstatt von Verbrechern und Psychopathen, dem verdienten Untergang entgegentaumelnd), behalten wir aber zugleich – auch wenn dies zunächst paradox klingt – den großen Hoffnungsimpuls bei, der auf die Erlösung der (inneren und äußeren) Natur und die Rettung des Planeten gerichtet ist, so ergeben sich bemerkenswerte Schlussfolgerungen für das, was gemeinhin als Weltbild bezeichnet wird. – Erlösung der Natur (im Menschen) heißt auch Befeiung des Geistes, Befreiung der Vorstellungswelt, Erlösung des Kosmos in unserem Denken!

Die Welt als Projektionsschirm

Wie werden die Bewohner des Verbrecherplaneten die Natur, das heimatliche Gestirn, den Kosmos sehen? Eines läßt sich mit Sicherheit sagen: Sie werden Bilder von Kosmos und Erde entwickeln, die dem eigenen seelischen Zustand entsprechen – Bilder, innerhalb deren sie die Rechtfertigung ihrer eigenen Existenz erleben! Hierin unterscheidet sich auch das sogenannte wissenschaftliche Weltbild – wesensmäßig oder strukturell – nicht vom vorwissenschaftlichen Weltbild oder von beliebigen religiösen Vorstellungen. Der Mensch bedarf der Rechtfertigung seiner Existenz, seines Tuns, seines Denkens und Fühlens, seiner kulturellen Zusammenhänge. Weltbilder leisten dies. Und auch deswegen mag es müßig sein, sie zum Gegenstand erhitzten Streitens zu machen.

Dennoch gilt: Weltbilder korrespondieren Welthaltungen, Grundeinstellungen als Wurzeln des Handelns. Wie einer ist, so sieht er die Welt; wie er die Welt sieht, so handelt er auch – wenngleich häufig nicht direkt und unmittelbar, sondern in Widerspruch zu dem, was er zu glauben oder zu wissen vorgibt. Anders gesagt: Stets ist es die Tat, die die Eigentlichkeit einer Überzeugung an den Tag bringt, so etwa (und nicht selten): Die pathologische Borniertheit und Winkelperspektive unter der Maske religiöser Ideen.

Messen wir nun das moderne Weltbild an seinen Konsequenzen, so haben wir allen Anlass, ein hohes Maß an Misstrauen an den Tag zu legen – ein Misstrauen, wie es viele gegenüber dem Christentum empfanden und empfinden angesichts der Blutspur, die diese Religion in der Geschichte hinterlassen hat, angesichts der Exzesse des Hasses im Namen der christlichen Liebe … In meinen Büchern über Kopernikus, Schelling und Giordano Bruno (sowie in der noch unveröffentlichten „Anti-Geschichte der Physik") habe ich die lebensfeindliche Abstraktheit und Absurdität des herrschenden Bildes vom Universum mit der Atombombe und der sich abzeichnenden ökologischen Globalkatastrophe in Zusammenhang gebracht: als zwei Seiten derselben Münze.

Ein Psychopath lebt in einer Wahnwelt; die Wirklichkeit vermag er nicht zu erkennen. Und die Welt wird ihm zum gigantischen Projektionsschirm seiner inneren Deformiertheit, zum Spiegelbild seiner selbst. Die von den theoretischen Physikern und Astronomen mit Inbrunst verkündete Sicht des Kosmos – durch die Massenmedien noch unsäglich popularisiert – kann nur als Alptraum bezeichnet werden: ein monströses Vorstellungsgebilde, das jeder Vernunft, jeder Menschlichkeit und Menschenbezogenheit widerspricht. Wenn die Welt wirklich so aussähe, wie uns die „Kosmologen" einreden wollen, wäre sie – und könnte sie nur sein – das Werk eines geisteskranken Demiurgen (Weltenschöpfer), primitiv und bösartig, mit sadistischer Freude am Absurden. Ja, die Welt, das Universum wäre die Manifestation des Bösen und der Sinnlosigkeit, wert, recht bald von einem jeder fiktiven „schwarzen Löcher" verschluckt zu werden. Gewaltige Gasbälle in Räumen eisiger Leere, Explosionen, Katastrophen allenthalben, jagende Ausdehnung seit dem fabulösen „Urknall", das Leben ein Zufallsprodukt im blinden Würfelspiel einer blödsinnig in sich selbst verstrickten Materie, gekrümmter Raum, vierdimensionale Raumzeit usw. usw. Kurz: das Universum als Chaos. Der Kosmos als Illusion.

Dem wissenschaftshörigen Menschen unserer Tage wird all dies als „wissenschaftlich bewiesen" oder zumindest wahrscheinlich verkauft. Man verweist auf die (wahrlich beängstigende) Präzision der vorgenommenen Messungen, auf die ehrfurchtgebietende Kunstsprache der Mathematik, auf die technologisch umsetzbaren Erfolge; etwa die weiche Landung eines Objekts auf dem Planeten Mars. Hinzu kommt seit einigen Jahren der Versuch, die philosophisch-mathematischen Spekulationen von Relativitäts- und Quantentheorie sowie deren Ableger- und Nachfolgetheorien spirituell aufzuwerten. Man denke an den Physiker Fritjof Capra, der als sogenannter Hochenergie-Physiker auf die technischen Großanlagen der Teilchenbeschleuniger angewiesen ist, mittels deren man dem Weltgeist im Ganz-Kleinen auf die Spuren zu kommen hofft, und der andererseits, als einer der Vordenker der New-Age-Bewegung, das Elementarteilchenverwirrspiel mit den großen philosophischen und spirituellen Entwürfen Asiens in Einklang zu bringen sucht. So kann sich jeder theoretische Physiker zutiefst gerechtfertigt fühlen (und die Trostlosigkeit seiner realen Existenz vergessen: die ermüdende und verwirrende Teilchenjagd im Unfassbar-Winzigen). Wenn es denn solcherart Rechtfertigung überhaupt bedarf; vielen hilft schon der Gedanke, dass sie so etwas wie „Grundlagenforschung" betreiben, wie es großspurig heißt, als sei man den letzten Rätseln des materiellen Seins dicht auf den Fersen. Bald soll gar der „Urknall" auf der Teilchenrennbahn simuliert werden; ein ebenso erheiternder wie aberwitziger Gedanke.

Der Mensch begegnet nur sich selbst

Quantentheoretiker betonen stets, dass der Mensch in der modernen Naturwissenschaft im Grunde nur noch sich selbst begegne, dass das Naturbild der heutigen Physik kein Bild der Natur als solcher sei, sondern nur des Menschen Beziehungen zur Natur widerspiegele. Dies wird abgeleitet aus bestimmten Postulaten der Quantenmechanik für den Mikrobereich. Ich möchte den verbreiteten Verallgemeinerungen dieser erkenntnistheoretischen Behauptung eine neue Verallgemeinerung hinzufügen, die weniger Anklang finden dürfte, ja bei vielen auf heftige Abwehr stoßen wird. Diese Verallgemeinerung oder Ausweitung lässt sich in dem altpersischen Weisheitssatz zusammenfassen: „Der Kosmos ist wie ein Spiegel." Wer immer in den Kosmos hineinschaut, erblickt nur sich selbst, aller wissenschaftlichen und mathematischen Modifizierungen ungeachtet.

Dies spannt den Bogen zurück zum Weltbild der Bewohner des Verbrecherplaneten – des „hundstollen Planeten", wie Karl Kraus sagt. Dieses Weltbild trägt pathologische Züge. „Urknall" und Hiroshima gehören engstens zusammen. Wer den Kosmos gedanklich zerstört, zerstört über kurz oder lang auch die organische Ganzheit des ihn tragenden Gestirns und damit sich selbst. Nihilistische Weltbilder produzieren Verhaltensweisen, die auf radikale Vernichtung hinauslaufen. Wer Sonne und Fixsterne als kosmische Kernfusionsöfen imaginiert, unter anderem aus der Unfähigkeit heraus, sublimere Lichtvorstellungen zu entwickeln, leistet, bewusst oder unbewusst, seinen Beitrag zur Ermöglichung der atomaren Katastrophe. Es kann kaum ersthaft geleugnet werden, dass die Atombombe das Resultat der modernen theoretischen Physik ist.

Die pathologischen Züge des modernen Weltbildes sind augenfällig. Und längst ist der Anspruch der Naturwissenschaft, Erfahrungswissenschaft zu sein, verspielt worden. Es wird munter spekuliert und extrapoliert, meist unter Hinweis auf die physikalische Einheit des Universums und die Messergebnisse der vielen komplizierten Apparaturen, die den Laien verschrecken und verunsichern. Auch ist die Arroganz der meinungsbildenden „Forscher" beträchtlich, aller gegenteiligen Beteuerungen ungeachtet. Und Kritiker werden schnell mundtot gemacht, oder als intellektuell fragwürdig hingestellt, unfähig, die Präzision und Voraussagekraft der Wissenschaft zu würdigen oder nur zu erkennen. Oft werden pure Glaubenspositionen verteidigt unter dem Vorwand wissenschaftlicher Auseinandersetzung. Staatliche Gelder werden nur ganz bestimmten Forschungsprojekten zur Verfügung gestellt; sich als Elite verstehende Cliquen formulieren die allein zulässigen und möglichen Fragen, was einem unbequemen Außenseiter kaum eine Chance gibt; man spielt sich gegenseitig die Bälle zu und bestätigt sich fortwährend, und zwar über die nationalen Grenzen hinweg. Wer zu weit geht, macht sich lächerlich, verliert die wissenschaftliche Reputation, die Solidarität der eigenen Zunft. Dogmen und Tabus verstellen allenthalben die Sicht. „Beweise" sind oft nur subtile Zirkelschlüsse, Tautologien oder eindimensionale Auswertungen bestimmter Messdaten usw. Hinzu kommt die allgemeine Willfährigkeit gegenüber der um sich greifenden Barbarei, den Perversionen des Intellekts (etwa auf dem Gebiete der Waffenentwicklung).

Illusionen als wirkende Energien

Ich habe die Behauptung aufgestellt, dass die in unseren Tagen allgemein anerkannte Vorstellung von der physikalischen Struktur der Sonne und der Fixsterne ihre Entsprechung habe in den atomaren Zerstörungsmöglichkeiten. Dieser Zusammenhang ist zunächst keineswegs einsichtig, gilt doch die herrschende Theorie von der Entstehung des Sonnen- und Sternenlichts als wissenschaftliche Wahrheit, zumindest als Hypothese, die sich vielfältig verifizieren lässt – auf jeden Fall aber als der Welt der Fakten zugehörig, nicht aber der Welt der Werte. Und es ließe sich polemisch fragen, was denn etwa das Fallgesetz mit moralischer, philosophischer oder ästhetischer Wertung zu tun habe. Bekanntlich gehört es seit Galilei zur Essenz wissenschaftlicher Erkenntnisbemühung, Fakten und Werte streng voneinander zu trennen – ein fataler Irrweg, wie wir heute wissen.

In der Geschichte der Naturwissenschaften sind Fiktionen niemals in der genügenden Klarheit von Hypothesen getrennt worden. Hypothesen sind Annahmen oder Vermutungen über bestimmte Zusammenhänge, die – bis zu einem gewissen Grade – auch beweisbar sind, weil sie dem Felde der Erfahrung angehören. Das Fallgesetz etwa ist beweisbar. Fiktionen sind prinzipiell unbeweisbar; es sind Behauptungen über die Wirklichkeit, die zwar nützlich oder hilfreich sein können (häufig sind sie es nicht), aber stets das voraussetzen, was eigentlich bewiesen werden soll. Sie sind zirkelhaft konstruiert; sie können nur aus sich selbst heraus bestätigt werden. Nicht nur Relativitäts- und Quantentheorie sind auf Fiktionen aufgebaut, sondern auch andere theoretische Ansätze der modernen Wissenschaft. Entscheidend für unseren Zusammenhang ist die Werthaltigkeit der jeweiligen Theorien, als hier häufig verborgene Seelenschichten ihren Ausdruck finden, Projektionen von Innerseelischem auf die Spiegelfläche der kosmisch-natürlichen Umwelt. Darum geht es. Das macht den Streit um Weltbilder oder Theorien zu weit mehr als zur bloßen Kopfsache. Illusionen sind wirkende Energien. Denken überhaupt ist wirkende Energie. Projektionen fließen aus den bewusstseinsmäßig unterpflügten oder verschütteten Schichten der Psyche und können ein gespenstisches Eigenleben entfalten, das wiederum zurückwirkt auf die Seele. Schließlich verfängt sich der Mensch unentrinnbar im Spiegelkabinett der eigenen Projektionen, die er für objektive Realitäten hält.

Die Absurdität der modernen Kosmologie spiegelt die Absurdität und verwinkelte Trostlosigkeit der modernen Seele. Die hinter dem modernen Weltbild stehenden Energien verhindern die Erlösung der Natur und die Rettung der Erde.

Nicht Wissenschaftsfeindlichkeit, Irrationalismus oder Mystik ist die schöpferische Alternative zum Alptraum der Gasbälle, „schwarzen Löcher" und anderer Elemente der mathematisierten Sinnlosigkeit (Steven Weinberg: „Je begreiflicher uns das Universum wird, um so sinnloser erscheint es auch."), sondern: Wissenschaft, die diesen Namen verdient, die das lebendige Subjekt des Wissenden einbezieht, die sich an der lebendigen Erfahrung orientiert – Wissenschaft auf ihrem eigentlichen Niveau, wesensmäßig nicht zu trennen von schöpferischer Philosophie und kosmosverbundener Spiritualität.

Die Physik des Weisen oder des Buddha schneidet nicht, zerschneidet und zertrümmert nicht die Bauelemente der Natur, verliert nicht das Wissen der Einheit, das Wissen des Tao. Die Naturwissenschaft der „Willens- und Verstandeskultur", sagt Carl Friedrich von Weizsäcker, sei „außerhalb ihres Gesichtsfeldes blind". Damit steht sie außerhalb des Tao und ist notwendig (zumindest auf weite Strecken) auch innerhalb ihres Gesichtsfeldes blind. „Wissenschaft, die die Welt zerstört", sei „schlechte Wissenschaft" (noch einmal Weizsäcker). Dass die mathematische Naturwissenschaft in der im Abendland verbreiteten Art weltzerstörend wirkt, ist unübersehbar; also ist sie – „schlechte Wissenschaft"! (Soweit würde Weizsäcker selbst nicht gehen in seinen Schlussfolgerungen.) Wir brauchen eine Wissenschaft, die den Geist mit der Wirklichkeit versöhnt bzw. den von der Natur – und von sich selbst – entfremdeten Geist, im Wortsinn, verwirklicht. Wer erlöst den Kosmos bzw. unsere Kosmosvorstellung von den selbsternannten „Kosmologen"? ...

Mit einigem Recht kann der abstrakt-mathematischen Betrachtungsart eine lebensfeindliche Tendenz unterstellt werden, wie dies selbst in den Reihen der Physiker wiederholt geschehen ist. Wenn die Naturwissenschaft letztlich auf eine Welt hin konstruiert ist, in der mit den Widersprüchen des Lebendigen auch der Mensch eliminiert wird, wie jüngst der Physiker Herbert Pietschmann betonte, dann ist von einer derartigen Betrachtungsart, wenn sie sich der Kosmologie zuwendet, kaum etwas anderes zu erwarten als die Behauptung, der Kosmos kenne das Prinzip Leben nur als Ausnahme und Zufallsprodukt.

Was „wissen" wir über den Kosmos, seine Gesetze und sein inneres Gefüge, die ihn konstituierenden Prinzipien und Kräfte? Sind wir „weiter" als Kopernikus, jedenfalls was die kosmischen Regionen außerhalb des Planetensystems anlangt? Die Beantwortung dieser Fragen hängt letztlich von erkenntnistheoretischen Grundsatzentscheidungen ab, die erheblich „tiefer" und schwieriger sind, als zumeist angenommen wird. Wir registrieren die Fixsterne auch mit Hilfe der größten Fernrohre nur als strukturlose Punkte; präzise Aussagen über Dichte, Temperatur und Entfernung entbehren der experimentellen Nachprüfbarkeit. Die Legitimität der Extrapolation physikalischer „Naherfahrung" in die abgründigen Weiten des Alls bleibt unbeweisbar.

Gravitation als Schwellenkraft und die Spiritualisierung der Gestirne

Schon der große Physiker Michael Faraday (der kein Mathematiker war) hat vermutet, dass es sich bei der Gravitation um ein Strahlungsphänomen handeln müsse, dass also der Schwerkraft Strahlungsenergie zuzuordnen sei. Dem Energiesatz zufolge kann diese Gravitationsstrahlung nur aus einer anderen Energieform entstanden sein; sie muss aus einer Energieumwandlung gespeist werden. Aus dem Ansatz Faradays folgt, konsequent weitergedacht, dass diese Energieform nur die Materie selbst sein kann bzw. die in ihr gebündelten und schwingenden Energien, von denen Faraday eine sehr subtile Vorstellung hatte.

Helmut Friedrich Krause ist, physikalisch gesehen, der Vollender der Faraday-Maxwellschen Feldtheorie; zugleich weist seine Feldlehre eine spirituelle Dimension auf, die sie mit der Spiritualisierung der Materievorstellung im tantrischen Buddhismus verbindet.

Nach H. Krause ist das radialsymmetrische Schwerefeld der Erde (und aller Gestirne) die Folge einer Materiezerstrahlung, eines Materiezerfalls im Gestirnkern. Kraft ungeheuren Drucks reißen die Bindekräfte der Materie und verstrahlen in radialer Form, die Gestirnmaterie wie Schaum durchschlagend, in die Weiten des Alls. Diese Materialauflösung, die einer Rückverwandlung der Materie in ihren energetisch-substantiellen Ursprung entspricht, ist ein unaufhörlicher Prozess: der Grundprozess der physikalischen Welt. Gravitation ist nicht einfach mit der Materie gegeben, sondern muss stets erneut gespeist werden durch den Zerfall der Materie im Gestirn-Innern. Die freiwerdende Energie – in Form des radialsymmetrischen Feldes – gehört der Sphäre des Unendlichen und Absoluten an. Die Kernverstrahlung durcheilt das All mit unendlicher Geschwindigkeit (der Faktor t – Zeit – existiert nicht). Gravitation ist die Schwellenkraft, in der sich Relatives und Absolutes berühren. Die Urenergie wird von H. Krause „Weltwille" und „Raumenergie" genannt.

Die von Krause aufgezeigte Materieverdichtung im Gestirnkern, die den gängigen Vermutungen über den Gestirnaufbau widerspricht, hängt mit der Radialität des Energiefeldes zusammen. Nach der Massenanziehungsfiktion (Newton) kann diese Radialität bzw. die Abnahme der Schwerewirkungen mit dem Quadrat der Entfernung erst von der Gestirnoberfläche an Gültigkeit haben und auf keinen Fall Richtung Erdmittelpunkt „weitergedacht" werden. Seit Newton wird die „Masse" des Erdganzen (bei Newton selbst schlicht: „Materiemenge", das Produkt aus Dichte und Volumen) als physikalische Ursache der Gravitation angenommen, als die Summe der Massenanziehungswechselwirkungen aller materiellen Teilchen, die das Gestirn konstituieren. Wenn dies so wäre, könnten die Schwerewirkungen von der Erdoberfläche Richtung Erdkern naturgemäß nicht mit dem Quadrat der Entfernung zunehmen. Die der Radialität des Feldes entsprechende Zunahme der Schwere im Gestirninnern, wie sie Krause plausibel gemacht hat, hat zur Folge, dass die Schwerewirkungen im Erdzentrum unvorstellbar groß sein müssen. Natürlich treten schon von einer bestimmten Erdkernnähe, einer nicht berechenbaren Tiefenstufe an Materiezerfallprozesse auf. Die Gravitationswirkungen heben sich im Gestirnzentrum gegenseitig auf, was zu der verblüffenden „Pointe" führt, dass das Gestirnganze weder „träge Masse" noch „schwere Masse" im Sinne der klassischen Mechanik haben kann. Was den Eindruck der Trägheit erweckt, ist eine Art Verstrahlungswiderstand, den jeder Himmelskörper der kosmischen Umweltstrahlung entgegensetzt.

Die differenzierten Wechselwirkungen der Energiefelder der Gestirne bestimmen alle Bewegungsvorgänge im Kosmos. In Relation zum eigenen Kernverstrahlungsfeld „ruht" jedes Gestirn; daher die Unmöglichkeit, die Erdbewegung mechanisch oder optisch direkt nachzuweisen. Das Gestirn wird durch und über das eigene Energiefeld, das alle physikalischen Prozesse als Führungsfeld bestimmt, zum quasi-ruhenden Bezugssystem. Daher auch die bekannte Ergebnislosigkeit des Michelson-Morley-Versuches! Wenn man alle im 19. Jahrhundert verbreiteten mechanistischen Vorstellungen feldgerecht korrigiert, kann das Raumenergiefeld als „Äther" bezeichnet werden, der, radial strukturiert und dem Gestirn unlösbar verbunden, das Medium für Schwingungsvorgänge darstellt, die unter anderem als Elektromagnetismus und Licht manifest werden.

Im Gegeneinanderwirken werden die Kernzerfallfelder der Gestirne, die in reiner Form als wellenlos zu betrachten sind, zu Wellenform „gestaucht" (wie Krause wörtlich sagt); es entstehen Stauchungszonen unterschiedlicher Art und Intensität, die im Bereich der jeweiligen Gestirnoberfläche auch mit Schwereverminderungen einhergehen So kommt es zu den Gezeitenrhythmen der Meere, aber auch zu analogen Rhythmen der festen Materie. Licht entsteht im Gegeneinanderwirken der Energiefelder; es ist eine Zustandsänderung der Raumenergie, und kein Himmelskörper ist selbst oder als solcher eine Quelle des Lichts und der Wärme. Das Prinzip Leben ist allgegenwärtig im Kosmos.

Die Energiefelder der Sterne sind einem lebendigen Prozess des Werdens und Vergehens unterworfen. Bei zeitlicher und räumlicher Intensitätsabnahme der Verstrahlung kommt es zu einer (scheinbaren) Fluchtbewegung ferner kosmischer Objekte, wobei die Geschwindigkeit proportional zur Entfernung wächst („Flucht der Spiralnebel"). Diese Fluchtbewegung, die sich aus der Rotverschiebung in den Spektren der Galaxien ablesen lässt, unter Heranziehung des Doppler- Effektes als eine reale zu missdeuten, ja gar eine „Expansion des Weltalls" zu fingieren, ist ein deutliches Symptom für die Unfähigkeit, das geozentrische Verhaftetsein des Denkens zu überschreiten. Auch in der nachkopernikanischen Ära sind die Restbestände scholastischer Denkstrukturen beträchtlich – ein Umstand, der nur dadurch verschleiert wird, dass die Welt eine gedankliche Entgrenzung erfahren hat und zugleich die Technik jederzeit die objektive Gültigkeit mechanischer und elektromagnetischer Gesetze offenbart. Dies hat zu dem Trugschluss geführt, die mathematisch erfassbare Schicht der Erfahrungswelt sei nunmehr beliebig übertragbar und ausweitbar, also auch auf den Kosmos in seiner Unermesslichkeit und Vielfalt.

Man erkennt nur das, was man ist

Der kosmische Spiegel bleibt die eherne Grenze rationaler Wirklichkeitserfassung. Und stets werden nur jene Schichten „erkannt", die der eigenen seelisch-geistigen Struktur entsprechen. Die Oberflächentemperatur des Sirius beispielsweise ist kein Gegenstand naturwissenschaftlicher Erfahrung, von der Kosmologie oder Kosmogonie zu schweigen. Offenbar vermag nur der zum Buddha-Bewusstsein Geordnete sich mit dem kosmischen Spiegel in Übereinstimmung zu bringen, ja dieser gleichsam selbst zu werden! Auch in der Monadenlehre Giordano Brunos finden sich analog Gedanken. Nur in jener höchsten Form des Bewusstseins werden die mit dem Menschsein gegebenen Projektionen überwunden. (Eine andere Frage ist es, ob nicht dem Inkarniertsein schlechthin Illusionen und Täuschungen anhaften, die selbst ein Buddha, solange er noch verkörpert ist, nicht vollständig ausschalten kann.) Es gehört zu den nicht endenden Bewusstseinsaufgaben des Menschen, an der Befreiung aus dem Gefängnis der Ego-Projektionen zu arbeiten, Schicht um Schicht die Illusionsprojektionsschirme abzutragen oder aufzulösen, den Block des Schlafes und der Unbewusstheit zu zerschlagen.

Die kosmische Brille des Erdfeldes

Sicher können auch unterhalb der „Erleuchtungsschwelle" sinnvolle Aussagen über den Kosmos gemacht werden, nur werden diese über die Beschreibung bestimmter Ordnungsformen der Erscheinungen nicht hinauskommen. Ein Denken, das sich in eindimensionalen Kausalverknüpfungen der Dinge manifestiert, ist in Grenzen durchaus sinnvoll oder gar notwendig für das gesellschaftliche Zusammenleben und die Alltagsorientierung des Einzelnen (u. ä.), nur: Es ist absurd, dieses selbe Denken auf das Universum anzuwenden. Das führt beinahe zwangsläufig in die Narretei. Der Intellekt bleibt eine „Flächenkraft" (wie Schopenhauer sagt), er bringt stets nur sich selbst hervor. Auch sind die Wahrnehmungsformen des kosmischen Subjekts Erde, die sich aus dem Kernverstrahlungsfeld ergeben, nicht mittels intellektueller oder mathematischer Kunstgriffe aus den Angeln zu heben. Wir sehen die kosmische Umwelt durch die Brille dieses Feldes.

Das Feld ist gleichsam das An-Sich der Materie, die fundamentale Bestimmungsgröße aller physikalischen Prozesse bis in den Mikrobereich hinein. Das Feld trägt und ermöglicht die materielle Welt, und über seine unmittelbarste Wirkung – die Schwere – sind alle Körper im Gestirnbereich ihm unlösbar verbunden. Gerät das Feld, durch die Einwirkung anderer Kernzerfallfelder, in Schwingungen, werden alle Schwereverhältnisse dadurch beeinflusst. In dieser echten Relativitätstheorie wird auch das Licht zur feldbedingten Variablen, und nur das Kernverstrahlungsfeld verbleibt als absolute Größe.

Über die Oberflächenbedingungen etwa der Sonne oder des Jupiters lassen sich nur wenige Aussagen machen; hier müssen ungeheure Stauchungszonen in Gestirnnähe vorliegen, eine erhebliche Verschiebung der Regenbogenskala des sichtbaren Lichts.

Kosmische Physik – Physik des Buddha

Wenn überhaupt von einem „Tao der Physik" gesprochen werden kann (um die berühmt gewordene Formel
Fritjof Capras aufzugreifen), dann scheint mir die Feldlehre des Philosophen Helmut Krause dieses Etikett zu
verdienen. Sie ermöglicht nicht nur physikalische und
kosmologische Einordnungen von kristallener Einfach-
heit, sondern kündet zugleich von dem Weisheitsprin-
zip, das offenbar auch die materielle Welt bestimmt.
Hier liegt wirklich eine kosmische Physik vor, die die
erdoberflächenverhaftete Mechanik zu relativieren vermag. Diese kosmische Physik hat eine metaphysische,
eine spirituelle Grundlage, die etwas erahnen lässt von
der Harmonie mit dem kosmischen Spiegel. Mit Ein-
schränkungen könnte die Lehre von den Energiefeldern
der Gestirne auch als eine Art Physik des Buddha bezeichnet werden.

„Unser menschliches Verständnis",

schreibt der große Moralist und Wissenschaftskritiker
Erwin Chargaff,

*„stumpf gemacht durch das einschläfernde Gelalle der
Erklärungswissenschaften", sei „der Wirklichkeit nicht
mehr gewachsen".*

*„Sie ist nämlich einfach wie am ersten Tag." Und: „In
der Nacht, in der wir leben, sind wir dankbar für Bel-
sazars Leuchtbuchstaben. Aber sie verkünden nichts
Gutes. Eins steht fest: Wer die Zukunft retten will,*

muss diese Gegenwart zerbrechen.“
(„Kritik der Zukunft“, Stuttgart 1983, S. 101 u. S. 95)

Jochen Kirchoff
Berlin, im April 1987 und im Juli 1990.

* * *

„Mir gefällt es nicht,
die Wahrheit, die ich sehe, zu verhehlen,
und ich habe keine Angst, sie offen zu
bekennen; und da ich überall und
fortdauernd an den Kriegen zwischen
Finsternis und Licht, der Wissenschaft
und der Ignoranz teilgenommen habe, so
wie ich überdies Gegenstand des Hasses,
des Geschreis und der Insulte war, habe ich
sowohl den Zorn der rohen und dummen
Menge als auch der graduierten
Akademiker, der Väter der Ignoranz,
erfahren. Aber ich habe gesiegt,
unterstützt von der Wahrheit und geleitet
von einem göttlichen und höheren Licht.“

Die Kosmologie der Unendlichkeit

Essay zur 400. Wiederkehr der Verbrennung Giordano Brunos am 17. Februar 1600

Einer der größten Geisteswissenschaftler nach den griechischen Philosophen, der Italiener Giordano Bruno, wurde von den Schergen der Inquisition der Katholischen Kirche am 17. Februar 1600 in Rom öffentlich bei lebendigem Leibe verbrannt. Die Furcht vor dem großen Gelehrten und seinen Erkenntnissen ist innerhalb der Katholischen Kirche noch heute so groß, dass der Papst, als er vor zwei Jahren [1998] einigen Ketzern wie Johann Hus offiziell vergab, Giordano Bruno ausdrücklich ausnahm. Jochen Kirchhoff, der schon vor Jahren für den Rowohlt-Verlag eine Monographie Brunos verfasste, nahm den 400. Todestag des Kosmologen zum Anlass, auf die verblüffend aktuelle Bedeutung Brunos hinzuweisen. Damit soll auch verhindert werden, dass der große und radikale Denker dorthin gerät, wo ihn sowohl Päpste der Wissenschaft als auch der Katholischen Kirche gern hätten: in die Vergessenheit.

Oft sind die Toten lebendiger als die Lebenden, und die Nach-Tod-Wirkung eines Menschen kann seine Wirkung zu Lebzeiten um ein Vielfaches übertreffen. An Beispielen dafür ist kein Mangel. Giordano Bruno, so schreibt sein Biograph Anacleto Verrecchia, „war sozusagen posthum geboren – er kam vor der Zeit auf die Welt und wurde erst viel später, nach seinem Tod, wirklich wahrgenommen". [2]

Zur Jahrtausendwende ist offenbar die große, feurige Seele Giordano Bruno lebendiger und mächtiger denn je. Seit dem spektakulären Justizmord an Bruno am 17. Februar 1600 sind vier Jahrhunderte vergangen, – vier Jahrhunderte, seit einer der größten Denker der Menschheitsgeschichte in den Flammen des Scheiterhaufens umkam, den ihm die römische Inquisition bereitet hatte, um ihn – den „Fürsten der Ketzer" – vom Anlitz der Erde zu tilgen: den Menschen und das Werk. Die Feindschaft der Katholischen Kirche diesem Philosophen gegenüber ist nie aufgehoben oder auch nur abgemildert worden. Sie steht gleichsam da wie am ersten Tag. Wer wäre hier zu „rehabilitieren", die Mörder oder der Ermordete?

Giordano Bruno wird immer mehr zu unserem Zeitgenossen, und in dem großen Ideenkrieg um das Wesen des Menschen, der heute global ausgetragen wird, stellt er eine wichtige Stimme dar. Wenige haben wie er nachgedacht über Wesen und Struktur des Universums und über das wohl rätselhafteste aller Verhältnisse, in denen der Mensch steht: das Verhältnis zum Kosmos. Dieses Verhältnis, um es eher milde zu formulieren, ist ein zutiefst neurotisches. Wie auch anders? Wie kann sich der lebendige Mensch ernsthaft in Beziehung setzen zu einem substantiell toten Universum, einem Universum, das ihn nicht meint, nicht will, ja gar nicht kennt. Nur ein substantiell lebendiges, in toto lebendiges und bewusstes Universum kann den Menschen als Menschen wirklich meinen, wollen und kennen. Und nur ein derartiges Universum kann den Menschen irgendetwas angehen. Ein totes Universum, das ihn nur als Ergebnis eines bewusstseinsblinden kosmischen Würfelspiels hervorgebracht hat, ist kein menschliches oder menschenwürdiges Etwas; es ist ein bloßes Es, ein Ding, ein Objekt. Das ist von niemandem ernsthaft, das heißt in der Tiefe, zu verkraften. In einem Universum, das ihn nicht meint, verdorrt der Mensch.

Was bleibt ihm da anderes als die Rolle des Empörers? Und Astrologie, Ufologie, Science-Fiction sowie das anthropische Prinzip gehören zu den (bis dato wenig erfolgreichen) Bemühungen, die eigene Mensch-Kosmos-Neurose zu heilen, der menschlichen Existenz doch noch einen letzten Rest von Würde zu bewahren. Das astronomische „Interesse" an den Himmelskörpern und ihrer Bewegung ist in der Regel kein spirituelles und dialogisches, was nur der Fall wäre, wenn diese Himmelskörper, wie Giordano Bruno glaubte, große Organismen mit einem kosmischen Bewusstsein sind. (James Lovelocks berühmte Gaia-Theorie, die im Kern biologistisch ist, wirkt fast provinziell gegen die Brunosche Vision.)

Verbannt in den äußeren Raum

Peter Sloterdijk:

„Der veräußerlichte Raum ist die Urgegebenheit der neuzeitlichen Naturwissenschaften". [3]

Das lässt sich nicht ernsthaft entkräften. Es beschreibt einen kollektiven Bewusstseinsprozess, der in unseren Tagen kulminiert. Alle sphärischen Schichten endgültig abgeräumt, der Weltraum von eisiger Kälte, die uns unentwegt und zutiefst lebensfeindlich anhaucht, darinnen monströse Gaskugeln von unvorstellbarer Hitze, das Ganze in jagender Ausdehnung begriffen, herausgeborsten aus dem Nirgendwo, um irgendwann vom Nirgendwo im Big Crunch verschluckt zu werden: welch' eine Perspektive!

„Welch Schauspiel, aber, ach, ein Schauspiel nur!",

stöhnt der goethesche Faust beim Anblick der himmlischen Sphären. Vielleicht, so argwöhnen viele, ist ja das betäubende Schauspiel der Mainstream-Kosmologie nur eine gigantische Illusionsblase, eine kollektive Projektion, hinter der sich das eigentliche und wahre Universum verbirgt, und zwar das Universum als Kosmos, der uns wirklich meint, der uns etwas angeht und den wir etwas angehen … Was immer der Mensch ist, er ist auch ein Innenweltwesen, ein Innenraumwesen. Das pure Außen zermalmt ihn, und ein Universum als ein übergroßes Es, ein übergroßes Nur-Außen, als sinnleere Erstreckung ins Immer-Weiter macht ihn, noch einmal Sloterdijk, zum „Idioten des Kosmos".[4] Was wunder, dass sich der philosophische Geist längst aus dieser Himmelswüste zurückgezogen und das Universum aus dem Denken verbannt hat (spätestens seit Nietzsche). Das ist bedauerlich, denn gerade hier gelte es anzusetzen, wenn denn Philosophie überhaupt noch einen Sinn haben soll. Zugespitzt gesagt: Man muss den sogenannten Kosmologen (die häufig Kosmo-Theologen sind) ihr Monopol streitig machen, ihnen das Thema aus der Hand nehmen. Und genau hier sind wir im Zentrum der Philosophie und Kosmologie Giordano Brunos. Wird dieses Zentrum nicht verstanden, bleibt alles Reden über diesen großen Denker nur historisch oder literarisch. Bruno ist wirklich unser Zeitgenosse. Ihn zu würdigen, heißt, ihn ernst zu nehmen. Keiner hat wie er, der sich selbst als „Akademiker keiner Akademie", als „Peitsche des Aristoteles" bezeichnete, die Selbstgefälligkeit, Dummheit und Ignoranz seiner Zeitgenossen gegeißelt. Und nichts spricht dafür, das das, was er als die „triumphierende Bestie" bezeichnete, heute in geringerem Grade den Planeten beherrscht als vor vierhundert Jahren oder dass Bruno heute weniger Ketzer wäre als damals.[5]

Kein Märtyrer der modernen Wissenschaft

Zu den gröbsten Missverständnissen über Giordano Bruno gehört es, ihn als Märtyrer der neuzeitlichen Naturwissenschaft zu bezeichnen, so als sei all das, was er in visionären Entwürfen über das Weltall wie eine Brandfackel in seine Zeit warf, heute anerkannte und gesicherte Wahrheit. Genau dies ist nicht der Fall. Ein Bruno heute würde nicht auf dem Scheiterhaufen landen, aber die „triumphierende Bestie" (wie Bruno die herrschende Bewusstseinsform nannte) würde ihn sofort als Gegner erkennen und geharnischt bekämpfen. Warum?

1. In gewisser Weise ist die Kosmologie, als quasi Kosmo-Theologie, zu einer Art von neuer Scholastik geworden. Das wird zunehmend auch von kritischen Mainstream-Physikern beklagt, da das Ansehen der Naturwissenschaft überhaupt dadurch Schaden nimmt. Obwohl es starke und seriöse Einwände gibt, ist der Urknall fast ein Dogma.

2. Im Mainstream-Denken gilt das Universum, von einzelnen Oasen abgesehen, als tote Wüste. Die ptolemäischen Himmelsschalen verstellen heute nicht mehr den freien, unbefangenen Blick; aber es sind andere „Schalen" an deren Stelle getreten. Diese „Schalen" sind dogmatisierte Deutungen der kosmischen Phänomene, die, in den Medien vielfältig popularisiert, das kollektive Bewusstsein mitbestimmen. Das erschwert die Wahrnehmung durchaus vorhandener Alternativen.

3. Zwar ist der Kopernikanismus allgemein anerkannt (und daran hat Bruno sicher großen Anteil), aber die kosmische Relativierung des irdischen Standortes hat nicht in dem Maße Platz gegriffen, wie es möglich und sinnvoll gewesen wäre. Brunos Erkenntnis, dass die Daseinsprämissen des Menschen kosmisch umgewertet werden müssten, ist nicht verstanden worden. Man blieb im Rechnen und Messen und Extrapolieren stecken, baute Epizykel auf Epizykel, aber das Ganze wurde immer unlebendiger und monströser. Schließlich kam der lebendige Mensch gar nicht mehr darin vor. Und das zum Quasi-Nichts geschrumpfte Wesen Mensch, verloren im bewusstseinsblinden Raum, geriet zugleich zum Quasi-Gott. Der menschliche Größenwahn stieg in

Schwindel erregende Höhen hinauf. (Man studiere die „Physik der Unsterblichkeit" von Frank Tipler, eines der Gründerväter des anthrophischen Prinzips.)[6] Die „kopernikanische Kränkung" hat es nie gegeben. Fast alle haben die These S. Freuds übernommen, obwohl die Geschichte des menschlichen Selbstbewusstseins seit der Renaissance eine einzige große Widerlegung dieser These ist. (Man kann mit guten Gründen bezweifeln, ob es die beiden anderen Kränkungen, die Freud behauptet, so jemals gegeben hat: die darwinistische und die psychoanalytische.)

4. Bruno verkündete ein aktual unendliches, unendlich belebtes und von unendlich vielgestaltigem intelligenten Leben durchpulstes Universum. In seiner kosmologischen Schrift „De Immenso" (Vom Unermesslichen)' von 1591 heißt es zum Beispiel:

> *„Trotzdem erscheint es unsinnig anzunehmen, irgend ein Teil der Welt sei ohne Seele, ohne Leben, ohne Sinn und folglich unbelebt: es ist ausgesprochen töricht und gemein, zu glauben, es gäbe keine anderen Sinne, keine anderen Lebewesen, keine anderen Intelligenzen, als sie unseren Sinnesorganen erscheinen."* [7]

Der US-Physiker Eric Lerner (in seinem Buch „The Big Bang Never Happened", dt.: „Der Urknall hat nie stattgefunden") und der Autor dieses Essays (in mehreren seiner Bücher) haben gezeigt, dass im 20. Jahrhundert alle Argumente Giordano Brunos gegen die scholastische Vorstellung einer endlichen Welt sukzessive demontiert worden sind und man schließlich wieder, wenn auch

modifiziert und bezogen auf ein größeres Universum,
bei Aristoteles und den Scholastikern gelandet ist.[8]

Das antike und mittelalterliche Hohlkugel-Universum (ohne einen Raum „außerhalb", in dem sich diese
Kugel befände, das würde den Raum entgrenzen) ist
heute im Urknall-Universum zurückgekehrt. Eine „Ausdehnung des Raumes" ist von Bruno aus ein Unding:
Wohin sollte sich der Raum ausdehnen, wenn nicht – in
einen anderen Raum (den man als Hyperraum bezeichnen kann, der aber immer noch Raum wäre)? ...

Wie der Philosoph des Unendlichen ermordet wurde

In den „Avvisi di Roma" konnte man am 12. Febr. 1600
lesen:

*„Heute glaubten wir eine feierliche Hinrichtung zu
sehen, und man weiß nicht, warum sie verschoben ist.
Es handelt sich um einen Dominikaner aus Nola, einen
sehr hartnäckigen Ketzer, der vergangenen Mittwoch
im Palaste des Kardinals Madruzzi abgeurteilt wurde
als Vertreter verschiedener ungeheuerlicher Ansichten, bei denen er mit Hartnäckigkeit verblieb – und
gleichwohl hört man, dass jetzt noch täglich Theologen sich um seine Bekehrung bemühen! (...) und in
Summa, wenn ihm der Herrgott nicht hilft, will er als
verstockter Ketzer sterben und lebendig verbrannt
werden."* [9]

Als dem „hartnäckigen Ketzer" und Ex-Dominikanermönch Giordano Bruno das Todesurteil verkündet wurde, am 8. Februar 1600 (formal wurde er „den weltlichen Mächten überliefert", also dem Gouverneur von Rom, der faktisch ein Büttel des Papstes war), schleuderte der von langer Kerkerhaft und mehreren Folterungen Gezeichnete den vor ihm prunkvoll aufgebauten Würdenträgern einen Satz entgegen, der die Szene schlagartig in ein gleißendes kosmisches Licht taucht und sie unverlierbar eingräbt in die Annalen des menschlichen Geistes:

„Ihr verhängt das Urteil vielleicht mit größerer Furcht, als ich es annehme!"

Dazu Anacleto Verrecchia in seiner großartigen Bruno-Biographie:

„Das sind furchterregende und denkwürdige Worte, die das Fundament der Peterskirche erschüttern, die man am Felsen der Geschichte festmachen möchte, und die allein schon genügen, die Größe des moralischen Charakters Giordano Brunos verständlich zu machen." [10]

Warum wurde die Ermordung des Philosophen verschoben, der doch offenbar viele als einem feierlichen Großereignis mit Vorfreude entgegensahen? Papst Clemens VIII, hatte das Jahr 1600 zum Jubeljahr erklärt, was zur Folge hatte, dass Rom das ganze Jahr hindurch von frommen Christen überflutet wurde (es sollen zwischen einer Million und drei Millionen Besucher gewesen sein). Die öffentliche Verbrennung eines in ganz Europa bekannten Philosophen wurde als würdiger Höhepunkt des Jubeljahres betrachtet. Die Kirche wollte zugleich ein Zeichen setzen, und dieses Zeichen ist durchaus verstanden worden (nicht nur von Galilei, an den man hier zunächst denken mag). Was am 17. Februar 1600 geschah, lässt sich vom äußeren Ablauf her rekonstruieren. Was innen geschah, das heißt im Bewusstsein des Delinquenten, wissen wir nicht, können es aber, gründliche Lektüre seiner wichtigsten Bücher vorausgesetzt und in Kenntnis der zitierten Worte anlässlich der Urteilsverkündung, erschließen. Das „Innenleben" der Mörder und der frommen Schaulustigen können wir getrost auf sich beruhen lassen. Es hat sich selbst durch die Geschichte gerichtet. –

In einem Bericht der „Bruderschaft von St. Johannes dem Enthaupteten" heißt es:

„Um zwei Uhr nachts wurde die Bruderschaft benachrichtigt, dass am nächsten Morgen die Hinrichtung eines Unbußfertigen stattfinden werde. Um sechs Uhr morgens versammelten sich die Trostspender und der Kaplan in Sant' Orsola und gingen zum Gefängnis in der Tor di Nona. Dort betraten sie die Kapelle und sprachen die üblichen Gebete für den zum Tode verurteilten Giordano Bruno (Sohn des verstorbenen Giovanni Bruno), ein abtrünniger Bruder aus Nola (im Königreich), ein verstockter Ketzer. Er wurde von unseren Brüdern mit Liebe ermahnt. Auch riefen wir zwei Patres der Dominikaner, zwei von den Jesuiten, zwei von der neuen Kirche des heiligen Hieronymus. Sie zeigten ihm mit großem Eifer und mit großer Gelehrsamkeit seinen Irrtum. Er jedoch beharrte bis zum Ende in seiner verdammten Widerspenstigkeit und verdrehte sich das Gehirn und den Verstand mit tau-

send Irrtümern; ja, er ließ nicht nach in seiner Halsstarrigkeit, nicht einmal, als ihn die Gerichtsdiener zum Campo dei Fiori abführten. Dort wurde er entkleidet, an einen Pfahl gebunden und lebendig verbrannt. In all dieser Zeit wurde er von unserer Bruderschaft begleitet, die ständig ihre Litaneien sang, während die confortatori bis zum letzten Augenblick versuchten, seinen hartnäckigen Widerstand zu brechen, bis er schließlich sein elendes und unglückseligen Leben aufgab." [11]

Haben wir Phantasie genug, uns das vorzustellen? Kaum. Dazu bedürfte es eines anderen Bewusstseins. Hierzu kommt, dass die meisten die verbreitete Legende teilen, die Mainstream-Wissenschaft sei heute dort, wohin sie Bruno, als einer ihrer Wegbereiter, gebracht habe. Dass dies nicht der Fall ist, wurde schon gesagt. Glühende Glaskugeln in eisiger Leere, die Erde als Oase des Lebendigen inmitten einer monströsen Himmelswüste, die uns nichts angeht und keine höhere Intelligenz atmet: Das hält der Großteil der Zeitgenossen heute für wahr oder wirklich, für „wissenschaftlich bewiesen".

Über anders lautende Behauptungen des Ketzer-Philosophen Bruno hat man längst das Urteil gefällt, das heißt sie als schwärmerische oder quasi-poetische Phantasmen zu den (historischen) Akten gelegt. Hier gilt Bruno als widerlegt, auch in der Frage der aktualen Unendlichkeit des Universums. Giordano Bruno – also doch von „tausend Irrtümern" erfüllt? Warten wir ab. Vielleicht gibt es in den Tiefen der Epoche Impulse, die Bruno auf eine bis dato unbekannte Weise „rehabilitieren". Der Feuergeist Bruno könnte nicht nur „sein" Jahrhundert, sondern auch das 20. Jahrhundert überflügelt haben. War er eine Art Zeitreisender aus einer noch unbekannten, unenthüllten Zukunft?

Warum wurde Bruno hingerichtet?

Die Frage ist nicht letztgültig zu beantworten, da die Prozessakten verschollen sind. Eines ist sicher: Bruno ist nicht als „Kopernikaner" verurteilt worden; ob die Erde nun ruht oder sich um die Sonne dreht, war keine für den Ausgang des Prozesses relevante Frage. Das zentral Anstößige, das eigentliche Skandalon der Brunoschen Philosophie für die Katholische Kirche waren zwei Komponenten:

• die Behauptung eines wirklich unendlichen, unendlich belebten Universums als Manifestation der Unendlichkeit des Göttlichen.
• die schroffe Frontstellung gegen das Christentum überhaupt, einschließlich der Person des Jesus von Nazareth.

> *„Bruno starb nicht als Zweifler, nicht als einer jener Ketzer, deren dogmatische Abweichungen dem historischen Betrachter alle Mal als innerchristliche Vorgänge erscheinen. Bruno starb für einen Widerspruch, der sich gegen das Zentrum und die Substanz des christlichen Systems richtete."* (Hans Blumenberg) [12]

Man kann Bruno auch bei bestem Bemühen nicht „christianisieren"; alle Versuche in diese Richtung, die es in reichlichem Maße gegeben hat, sind vergeblich. Anacleto Verrecchia schreibt:

> *„Manche seiner satirischen Attacken gegen das Christentum, zum Beispiel im Spaccio (gemeint ist die Schrift „Spaccio delle bestia trionfante", dt. „Die Vertreibung der triumphierenden Bestie", J. K.), sind noch vernichtender als jene von Voltaire. Sie sind aber auch radikaler als die Kritik Nietzsches, denn sie schonen nicht einmal die Figur Christi, der im Gewand des Orion der Satire ausgeliefert wird. Sie erinnern eher an die antichristliche Kritik eines Celsus oder des Kaisers Julian. Wenn man genau hinsieht, ist die ganze Philosophie Brunos radikal antichristlich."* [13]

Die deutsche Ausgabe der „Vertreibung der triumphierenden Bestie" (verlegt bei Eugen Diederichs im Jahre 1904) gehört bis heute zu den Raritäten auf dem Büchermarkt. Dieses Buch, vorurteilsfrei gelesen, ist für jeden Christen ein Schock. Bruno scheint übrigens, in fremdartig anmutender Naivität und Unbekümmertheit, seine Fundamentalkritik am Christentum und an der Person Jesu auch im privaten Gespräch geäußert zu haben, wenn er sich sicher wähnte. So auch seinem Denunzianten gegenüber, dem venetianischen Patrizier Giovanni Mocenigo, der in seinem ersten Brief an die Inquisition (am 23. Mai 1592) unter anderem schrieb:

> *„Ich ... denunziere Ihnen, hochwürdiger Vater, gezwungen von meinem Gewissen und auf Befehl meines Beichtvaters, dass ich den Giordano Bruno aus Nola bei verschiedenen Gelegenheiten, indem er sich mit*

mir in meinem Hause unterhielt, sagen hörte, es sei ein großer Blödsinn seitens der Katholiken, zu behaupten, das Brot verwandle sich in Fleisch; er sei ein Feind der Messe, ihm gefalle keine Religion; Christus sei ein Betrüger gewesen und habe, wenn er, um das Volk zu verführen, betrügerische Werke ausübte, leicht voraussagen können, dass man ihn hängen werde; es gebe unzählige Welten, und Gott schaffe deren unaufhörlich unzählige, denn er behauptet, Gott wolle auch alles, was er kann; Christus habe nur scheinbare Wunder verrichtet und sei ein Magier gewesen … die Seelen, die von der Natur geschaffen würden, wanderten von einem Tier zum anderen und wie die niederen Tiere aus der Verwesung entstehen, so entstünden auch die Menschen, so oft sie nach den Fluten ins Leben zurückkehren. (…) Unser katholischer Glaube sei voll von Lästerungen gegen die Majestät Gottes, man müsse den Brüdern die Lehrtätigkeit und überhaupt das Einkommen wegnehmen, da sie die Welt beschmutzten und alle Esel seien, und unsere Ansichten seien die Ansichten von Eseln …" [14]

So oder ähnlich hat dies Bruno tatsächlich gesagt, daran kann kein Zweifel bestehen, wenn man die Aussagen mit seinen Schriften vergleicht. Auch der (verwaschen wirkende) Hinweis Mocenigos auf Reinkarnation und Seelenwanderung ist korrekt; Bruno ging wie selbstverständlich von der Annahme der Wiedergeburt aus. Oft spricht Bruno, so Verrecchia, „wie ein ins Abendland verpflanzter Brahmane oder Buddhist" [15]. Schon Schopenhauer hat darauf verwiesen; über Bruno und Spinoza schreibt er:

*„Ihre wahre Geistesheimat waren die Ufer der heiligen
Ganga: dort hätten sie ein ruhiges und geehrtes Leben
geführt, unter ähnlich Gesinnten."* [16]

Der Wanderer

Giordano Bruno (geb. 1548 in Nola bei Neapel, daher
seine Selbstbezeichnung als Nolaner) war früh in den
Dominikanerorden eingetreten und hatte diesen schließlich 1576, also mit 28 Jahren, in einer dramatischen
Flucht verlassen, weil er befürchten musste, dass gegen
ihn ein Verfahren wegen Ketzerei eingeleitet würde. Es
folgte ein unruhiges Wanderleben durch halb Europa:
Norditalien, Toulouse, Paris, Oxford, London, erneut
Paris, Wittenberg, Prag, Helmstedt, Zürich, Frankfurt/
M., schließlich Padua und Venedig, wo er in die Falle der
Inquisition tappte; Inhaftierung und Befragung, dann,
im Februar 1593, Auslieferung nach Rom, hier Kerkerhaft, mehrfache Folterung, schließlich Verurteilung und
öffentliche Verbrennung am 17. Februar 1600 auf dem
Campo dei Fiori in Rom.

Von den insgesamt wohl fünfzig Schriften Brunos, die
er in rasender Geschwindigkeit und oft unter schwierigsten Lebensbedingungen abfasste, sind nur dreißig erhalten. Weitaus am bekanntesten sind die großen italieni-
schen Dialoge, die er in London schrieb; vor allem „Von
der Ursache, dem Prinzip und dem Einen", „Vom Unendlichen, dem All und den Welten" und „Die Vertreibung
der triumphierenden Bestie". Daneben gibt es (latei-
nisch geschriebene) Schriften zur Magie, zur Gedächtniskunst, zur Geometrie und Mathematik, zur Mona-

denlehre u. ä.

Die bedeutenste naturphilosophisch-kosmologische Schrift Brunos, das große Lehrgedicht „De Immenso", erschienen 1591, ist bis heute unübersetzt geblieben [jetzt erhältlich]. Es ist, wie der „Spaccio", ein atemberaubendes Werk, von einer poetischen Kraft und Tiefe der kosmologischen Grundlagenreflexion, die ihresgleichen sucht. Bruno war eine durch und durch feurige, eine vulkanische Natur, ein beißender Kritiker und Spötter, der keine Gelegenheit auslie
 ß, die Ignoranz und Dummheit seiner Zeitgenossen zu geißeln. In einem von religiösen Unruhen zerfetzten Europa, in der allgemeinen Hysterie der Gegenreformation, wo schon Glaubensnuancen zu Verfolgungen und Tod führen konnten, war diese Grundhaltung oft tollkühn, und es ist fast erstaunlich, dass Bruno so lange „durchgehalten" hat.

Nach allem, was wir wissen, war er ein glänzender und mitreißender Redner, dazu ein Gedächtnisphänomen ersten Ranges. In Debatten mit seinen Gegnern konnte er den philosophischen Übervater seiner Epoche, Aristoteles, seitenweise auswendig zitieren. Die Gedächtniskunst überhaupt war ihm ein wichtiges Anliegen, und er schrieb und lehrte darüber. Schon als Mönch war er berühmt wegen seines herausragenden Gedächtnisses.

Wir wissen nicht, wie Bruno wirklich ausgesehen hat. Die Authentizität des bekannten Porträts, das meist gebracht wird (auch auf dem Cover meiner Monographie), ist nicht gesichert. Der Buchhändler Ciotto (auch einer der traurigen Denunzianten des Nolaners) erklärte der venetianischen Inquisition gegenüber am 26. Mai 1592:

Dass Bruno von kleiner und eher schmächtiger oder magerer Gestalt war, wird auch von anderen berichtet. Ein Hüne, als der er auf dem Denkmal in Rom erscheinen mag, war er nicht.

Auch wie er konkret gelebt und gearbeitet hat in diesen anderthalb Jahrzehnten seines Wanderlebens, wissen wir nicht. Offenbar war er pausenlos beschäftigt, las, schrieb, dachte, meditierte (ja, auch das) und disputierte, wo es Ort und Gelegenheit ermöglichten. Was die Meditation betrifft, so hat der Nolaner eine ganz eigene Form entwickelt, die er „Kontraktion" nannte: die Seele zieht sich konzentrativ völlig aus der Sinnenwelt zurück in den Einheitspunkt der (kugelförmig gedachten) Monade; hier, im Zentrum, erfolgt dann die Ausgießung gleichsam des Bewusstseins in die Weiten des Alls. Brunos wiederholte Hinweise darauf, er sei in den Kosmos vorgestoßen, hätte also die Begrenztheiten der Erde verlassen, dürfen wir getrost „buchstäblich" nehmen. Nach allem, was wir heute, unter anderem durch die transpersonale Bewusstseinsforschung, über derartige grenzüberschreitende Erfahrungen, Erfahrungen eines kosmischen Bewusstseins, wissen, kann als sicher gelten, dass Bruno dieses kosmische Bewusstsein tatsächlich erlebt und erfahren hat.

In seiner Schrift „Die heroischen Leidenschaften" beschreibt er ein derartiges Schlüsselerlebnis (im Alter von 30 Jahren), eine Art „Erleuchtung", wenn man es so nennen will und darf. Und warum nicht? Können wir den Nolaner als eine Art „Buddha des Westens" (oder des Abendlandes) bezeichnen? Oder ist das abwegig? Ein Buddha immerhin, das müsste ergänzt werden, dem es nicht vergönnt war, sein Werk zu vollenden. Was Bruno hinterließ, war ein Torso; manche seiner Schriften zeigen die erzwungene Hast ihrer Entstehung, und in den Kerkerhöhlen der Inquisition in Venedig und in Rom konnte er nicht schreiben. Nur einmal, kurz vor seiner Hinrichtung, erhielt er Gelegenheit, etwas aufzuschreiben. Am 20. Januar 1600 wird diese Schrift, eine Art Denkschrift, geöffnet, aber nicht gelesen. Der Text muss als verschollen gelten, wenn er nicht noch irgendwo in den Archiven des Vatikans auftaucht.

Der Kosmologe

Überragende Bedeutung hat Bruno als Kosmologe und Naturphilosoph. Man sollte sich vielleicht ins Gedächtnis rufen, dass das Hauptwerk des Kopernikus, mit dem eher aussageschwachen Titel „De revolutionibis orbium coelestium" (Dt. „Über die Umwälzungen der himmlischen Kreise"), zwar langfristig eine Lawine lostrat und eine Revolution auslöste, aber für sich genommen ein eher reformerisches Buch darstellte. Fast alle Elemente der allseits anerkannten Kosmologie blieben erhalten: die Fixsternsphäre als äußerste Grenze eines als gigantische Hohlkugel vorgestellten Universums (ohne Außenfläche!) genauso wie das verzwickte, aber auf seine Weise geniale Epizykelsystem, mittels dessen man in der Lage war, Gestirnpositionen in verblüffender Genauigkeit zu berechnen und vorherzusagen.

Ein aufschlussreiches Indiz übrigens für die Möglichkeit, trotz physikalisch unsinniger Prämissen, mathematisch präzise Voraussagen zu machen. Zwar ist dies im Grundsätzlichen bekannt, wird aber häufig übersehen, zumal dann, wenn die mathematische Präzision ihre eigene Suggestivkraft entfaltet oder sich Physik nur noch (was falsch ist) als mathematische Physik darstellt. Bruno wusste das vor der abstrakten Naturwissenschaft seit Galilei.

„Ohne die herrliche Erkenntnis des Kopernikus", schreibt er einmal, sei „die Kunst des Rechnens, Messens, Zeichnens und Entwerfens nichts als ein Zeitvertreib für findige Narren". [18]

Das lässt sich ausweiten …

Die Reform des Kopernikus war weder genauer noch einfacher als das ptolemäische System; eine mythenhafte Verklärung der Gestalt des Kopernikus hat diesen Sachverhalt über lange Zeit hinweg verdeckt.[19] Auch glaubte der Domherr zu Frauenburg durchaus an die Vereinbarkeit dieser Reform mit der christlich-katholischen Dogmatik. Nicht dass er die eigene Neuerung nun als gänzlich unbedenklich eingestuft hätte (die Widmungsvorrede an den Papst zeigt eine große Behutsamkeit in der Wortwahl), aber eine kosmologische Revolution, die auch die Fundamente der Kirche erschüttern könnte, hätte er nicht für möglich gehalten, ja diese schroff zurückgewiesen.

Was er faktisch getan hat, theoretisch-konzeptionell, war dies: Er hat einen Platztausch vorgenommen zwischen Erde und Sonne. Fortan stand nicht mehr die ruhende Erde, sondern die ruhende Sonne im Zentrum des Universums; der Geozentrismus wurde von einem Heliozentrismus abgelöst, der nicht nur mathematisch begründet wurde (Kopernikus verstand sich primär als Mathematiker!), sondern auch mittels einer neuplatonisch beeinflussten Licht- und Sonnenmetaphysik, der wir dann bei Kepler in gesteigerter Form wiederbegegnen.

Die physikalischen oder naturphilosophischen Konsequenzen einer bewegten Erde hat Kopernikus nicht durchdacht; sie scheinen ihn gar nicht interessiert zu haben. Doch genau hier setzte die Kritik, auch der Spott der Gegner der kopernikanischen Reform an, was die – zunächst wenigen – Kopernikaner zwang, die bewegte Erde nun auch physikalisch, mit den Mitteln einer gänzlich neuen und anderen Physik, plausibel zu machen. Die neuzeitliche Physik nimmt hier ihren Ausgang.

Die kopernikanische Herausforderung (die bei Kopernikus selbst nur implizit auftritt) umfasst, formelhaft verkürzt, folgende Punkte:

1. Unsere Sinne glauben nicht an Kopernikus. Warum? Warum wirkt der irdische Boden unter unseren Füßen so, als ob er ruhe? Wie kann etwas wie ruhend wirken, sich aber zugleich rasend schnell bewegen?
2. Warum bewegen sich die Gestirne einschließlich der nun aus der kosmischen Zentralposition entbundenen Erde? Die Warum-Frage in Bezug auf die kosmische Bewegung ist zugleich die Frage nach den bewegenden Kräften. (Die Nachfolger des Kopernikus eliminierten auch die die Planeten tragenden Kristallsphären oder -schalen; damit schwebten oder hingen die Gestirne

nun frei im Weltraum.)

3. Wie lässt sich die Gravitation erklären, die nun jedem Himmelskörper zugesprochen werden musste? Was ist überhaupt diese Gravitation, welche Kraft liegt ihr zugrunde, und welchen Ursprung hat sie? Warum ist sie so raumüberbrückend und mächtig?

4. Ist der Kosmos endlich oder unendlich? (Sollte er endlich sein: Wie lassen sich die Grenzen dieser Endlichkeit bestimmen? Was ist jenseits dieser Grenzen, wenn da überhaupt „etwas" im raumzeitlichen Sinne ist?)

5. Kopernikus entdeckte die Planetennatur der Erde. Warum sollte dieser Planet, wenn er schon derart „erhoben" und auch kosmisch relativiert wurde, eine Sonnenrolle einnehmen? Gibt es auch anderswo intelligentes Leben? (Im Sinne der kopernikanischen Logik müsste die Frage bejaht werden.)

6. Wie stellt sich das Mensch-Kosmos-Verhältnis dar in der nun unvorstellbar entgrenzten Welt? Wie „kosmisch" ist der Mensch?

7. Was ist mit Gott/der Gottheit/dem Göttlichen in der neu entdeckten Weite des Raumes?

Um diese Fragen ist über Jahrhunderte hinweg gerungen worden. Frage sieben wird zumeist der „Glaubensfakultät" zugewiesen, was nicht immer so war: Noch in der großen Kontroverse des Newton-Schülers Samuel Clarke mit Leibniz von 1715/16 wurde leidenschaftlich und mit wissenschaftlichen Argumenten um die Frage nach Gott gestritten (die nicht als eine primär theologische galt).

Ob die Frage sechs naturwissenschaftlich klärbar ist,

hängt nicht zuletzt davon ab, was hier „Kosmos" meint. Ist nur das materielle Universum gemeint (in einem weitgefassten Sinne: also einschließlich aller feldmäßigen und naturgesetzlichen Faktoren), dann wären die Naturwissenschaftler „zuständig". Dann müsste allerdings auch der Begriff „Mensch" reduktiv verwendet werden; außerdem müsste vorausgesetzt werden, dass der menschliche Forschergeist „das Ganze", wenigstens im Prinzip, durchschauen kann. (Dafür spricht wenig.)

Die Philosophie Giordano Brunos, was ihre kosmologische Dimension anbelangt, gibt auf allen sieben Fragen substantielle Antworten. Sich diese Antworten umrisshaft zu vergegenwärtigen und sie mit den in der Mainstream-Naturwissenschaft gegebenen zu konfrontieren, führt zu erhellenden Einsichten, die auch Brunos dramatische Aktualität verdeutlichen. Diese habe ich in meinem Buch „Räume, Dimensionen, Weltmodelle. Impulse für eine andere Naturwissenschaft" eingehend dargestellt und zugleich nachzuweisen versucht, dass und wie sich aus den kosmologischen Prämissen Brunos, wenn man diese ernst nimmt und konsequent weiterdenkt, ein ganz neuartiges Gesamtverständnis des Kosmos und des Mensch-Kosmos-Verhältnisses entwickeln lässt.[20]

Die Hilflosigkeit der Mainstream-Physik

Die Mainstream-Physik kennt keine wirklich kausale Bewegungslehre. Sie postuliert die geradlinig-gleichförmige Trägheitsbewegung (als platonische Urform gleichsam) als eine kräftefreie, ursachelose Perpetualbewegung. Dass das eine Fiktion ist, weiß jeder Physiker, dennoch ist diese Fiktion innerhalb der „Newtonschen Himmelsmechanik" (einschließlich ihrer späteren Modifizierungen) unentbehrlich. Die Gestirngravitation krümmt die idealiter geradlinige Bewegung; die Himmelskörper fallen sozusagen umeinander herum. Das Ganze ist ein rein mechanischer Vorgang, der keine höheren Wirkkräfte erfordert. Usw. Wir merken nichts von der Erdbewegung, weil im Rahmen der klassischen Mechanik Ruhe und geradlinig-gleichförmige Bewegung ununterscheidbar sind; nur Beschleunigungen sind spürbar. Die Gravitation kann nicht erklärt werden; noch Newton litt darunter. Sie gilt als (ursachelose) Materieeigenschaft, seit Einstein dann als Wirkung der so genannten Raumzeit-Metrik.

Für Giordano Bruno sind Gestirne kosmische Großorganismen, deren Bewegung sich einer exakten Mathematisierung entzieht. (Ralph Abraham, einer der Gründerväter der „Chaostheorie", betrachtet Bruno als deren Vorläufer!)

Unsere Sinnenwelt ist nach Bruno eine Scheinwelt; sie täuscht uns ständig und führt uns in die Irre. Wir verwechseln die Ursache mit der Wirkung. Extrapolationen von der Gestirnoberfläche ins All, im Sinne der These von der physischen Homogenität des Alls (als deren Mitbegründer Bruno gerade gilt!) sind direkt und pur nicht zu vollziehen. Alle Versuche in diese Richtung werden von Bruno als naiv-realistisch kritisiert, die die in der Tiefe gegebene Relativierung des irdischen Standortes nicht überschreiten. Diese Relativierung ist nach Bruno durch Beobachtung, Messung und Mathematisierung nicht aufzuheben, nur durch eine Art von kosmischer Schau, die einer hohen Bewusstseinsstufe angehört. Es ist naheliegend, dass Brunos meist unverstandene Gedanken dieser Art ihm den Vorwurf eingetragen haben, er sei in der Grundstruktur seines Denkens Magier, Quasi-Poet oder Schwärmer, – einen „Minnesänger der Unendlichkeit" nennt ihn Ernst Bloch.

Die Schärfe der Brunoschen Denkform gerät bei Wertungen dieser Art, wie sie sich in vielen Darstellungen über Bruno finden, leicht aus dem Blickfeld. Woher wusste dieser Magier, Quasi-Poet und Schwärmer, dass die Sonne rotiert? Kein Mensch ist vor ihm je auf diesen Gedanken gekommen. (Jahre später greift Kepler den Gedanken der Sonnenrotation auf, wieder später Galilei. Beide erwähnen Bruno mit keiner Silbe.) Woher wusste Bruno, dass es jenseits des Saturns noch weitere Planeten gibt? Woher wusste er, der nie ein Fernrohr benutzt hat (weil es erst Jahre später erfunden wurde), dass die Planetenbahnen nicht exakt kreisförmig sind? Woher wusste er, dass die Fixsterne „Sonnen" sind, obwohl er sie nicht für glühende Wüsten hielt? Woher wusste er von anderen Sternensystemen? Usw.

Wenn etwas, dann beweisen diese Erkenntnisse, dass es möglich ist, mittels Denken, Intuition und „kosmischer Schau", zu Einsichten in die Struktur des Universums zu gelangen, und zwar jenseits von Mathematik und messender Beobachtung im üblichen Verständnis.

Giordano Brunos Auseinandersetzung mit der Frage der Endlichkeit oder Unendlichkeit der Welt, in der Schrift „Vom Unendlichen", gehört fraglos zum Tiefsten und auch intellektuell Scharfsinnigsten, das die Geistesgeschichte kennt. Kein einziges der von Bruno für die Unendlichkeit des Universums ins Feld geführte Argument ist jemals substantiell entkräftet oder auch nur wirklich relativiert worden. Wenn er nur das geschrieben hätte, wäre er einer der größten Denker, dem unsere Achtung, ja Bewunderung gebührt ...

Die New Science der letzten Jahre hat die Kosmologie Brunos in ein neues Licht gerückt und überraschend aktualisiert, und zwar sowohl seine Gravitationstheorie als auch seine Äthertheorie sowie seine Überlegungen zum organischen Aufbau der Himmelskörper und zur Existenz intelligenten Lebens im Universum. Brunos Schlüsselbegriff der Weltseele oder Allseele erfährt eine umfassende Wiederbelebung und Rehabilitierung. Offenbar ist das All lebendiger, als wir lange geglaubt haben.

Bruno über Kopernikus

In der Schrift „Das Aschermittwochsmahl" äußert sich Bruno zu Kopernikus und zu der von ihm vollzogenen Radikalisierung des Kopernikanismus:

„Er (Kopernikus) hat sich nämlich von einigen falschen Voraussetzungen der gemeinen Philosophie, um nicht zu sagen Blindheit, frei gemacht. Doch mehr auf die Mathematik als die Natur bedacht, hat er sich nicht genügend von den falschen Voraussetzungen gelöst und konnte nicht so in die Tiefe dringen, um die abwegigen und leeren Prinzipien mit der Wurzel auszurotten. (...) Der Nolaner (also Bruno selbst, J. K.) hat ... den menschlichen Geist und die Erkenntnis befreit, die in dem engen Kerker der irdischen Lufthülle eingeschlossen waren und aus dem sie nur wie durch

schmale Schlitze die entferntesten Sterne erblicken konnten. Dem Geist waren die Flügel gestutzt, damit er sich nicht aufschwingen und den Wolkenschleier zerreißen könne, um das zu schauen, was sich dahinter in Wahrheit befindet, und sich von den Hirngespinsten derjenigen zu befreien, die, kaum dem Schlamm und den Erdhöhlen entkommen, vom Himmel herabgestiegenen Merkuren und Apollen gleich, durch vielfältige Täuschung die ganze Welt mit unendlichen Torheiten, Rohheiten und Lastern erfüllt haben, als seien es lauter Tugenden und göttliche Lehren. Sie haben damit jenes Licht ausgelöscht, das die Geister unserer antiken Vorfahren göttlich und heroisch machte, und sie haben die finsteren Nebel der Sophisten und Esel gutgeheißen und verstärkt. (…) Da kam der Nolaner und hat die Lufthülle hinter sich gelassen, ist in den Himmel eingedrungen, hat die Sterne durchmessen, die Grenzen der Welt überschritten und die erdichteten Mauern der Ersten, achten, neunten, zehnten und weiteren Sphären zerstört, die törichte Mathematiker und das blinde Sehen gemeiner Philosophen noch hätten hinzufügen können." [21]

Conclusio

Um auf den Anfang zurückzukommen, der diesen kleinen Versuch rundet: Vieles spricht dafür, dass Giordano Bruno heute lebendiger und wirkungsmächtiger ist als jemals zuvor in den vergangenen vier Jahrhunderten seit seiner Ermordung durch die Inquisition. Vielleicht begreifen wir erst heute die eigentlichen Dimensionen der Brunoschen Kosmologie, die dramatischen und wahrhaft grundstürzenden Folgen dieses Denkens.

Eine Wirkgröße war Bruno immer, meist eine eher geheime, verborgene, totgeschwiegene und gelegentlich ausgebeutete. Die Liste der Forscher und Denker, die er direkt oder indirekt beeinflusst hat, ist lang: Galilei, Newton, Spinoza, Leibniz, Goethe, Schelling, Schopenhauer, Helmut Friedrich Krause, – um nur einige zu nennen.

Dass Bruno nicht nur Denker, Kosmologe und Philosoph war, sondern auch ein Bewusstseinsforscher hohen Grades, blieb lange unerkannt. Wenige haben wie er die Tiefendimensionen des menschlichen Bewusstseins ausgelotet. – Wenn es ein Vermächtnis gibt, das er uns hinterlassen und aufgetragen hat, dann wohl dies: Dass der Mensch ein kosmisches Wesen ist und dass wir gut daran tun, uns dessen zu erinnern, und zwar unbekümmert um den Jahrmarktslärm der so genannten Öffentlichkeit und der allseits geheiligten kollektiven Überzeugungen, so suggestiv und machtgestützt diese auch auftreten.

* * *

Anmerkungen

Alle Zitate vor den Essays stammen von Jochen Kirchhoff mit Ausnahme des Zitates von Giordano Bruno vor dem Text „Die Kosmologie der Unendlichkeit".

Der Kosmos lebt! (I)

 1 Amit Goswami: „Das bewusste Universum.
   Wie Bewusstsein die materielle Welt erschafft",
   Freiburg i. Br. 1995, S. 285
 2 Erwin Chargaff „Vorläufiges Ende. Ein Dreigespräch",
   Stuttgart 1990, S. 31
 3 Hans-Jörg Fahr „Alternativen zur Urknall-
   Kosmologie. Die Welt als kosmischer Attraktor",
   Vortrag in Stuttgart am 15. Januar 2000
 4 Hans-Jörg Fahr „Der Urknall kommt zu Fall",
   Stuttgart 1992, S. 295 f.
 5 Fahr ebd. S. 298
 6 Fahr ebd. S. 298
 7 Siehe „Räume, Dimensionen, Weltmodelle. Impulse
   für eine andere Naturwissenschaft", München 1999,
   und „Die Anderswelt. Eine Annäherung an die
   Wirklichkeit", Klein Jasedow 2002
 8 J. W. v. Goethe: „Faust", Gesamtausgabe,
   Leipzig 1911, S. 187/188
 9 Siehe das Werk von Hermann Schmitz, u. a.
   „Höhlengänge. Über die gegenwärtige Aufgabe der
   Philosophie", Berlin 1997
10 Schmitz „Höhlengänge", ebd., S. 31/32
11 Rudolf Hauschka „Substanzlehre",
   Frankfurt a. M. 1996, S. 24/25
12 Siehe „Räume, Dimensionen, Weltmodelle", S. 92 ff.
13 „Der Spiegel", 28/1992, S. 219

14 Grundlegend zum Radialfeld als Raumenergiefeld:
   Helmut Friedrich Krause „Der Baustoff der Welt. Von
   den bewohnten Gestirnen und der Ursache der
   Gravitation", edition dionysos 2025

Der Kosmos lebt (II)

1 Max Jammer „Das Problem des Raumes",
   Darmstadt 1980, S. 240
2 Peter Sloderdijk „Sphären II. Globen". Frankfurt/M
   1999, S. 813/E27
3 Jochen Kirchhoff „Räume, Dimensionen,
   Weltmodelle. Impulse für eine andere
   Naturwissenschaft", München 1999, S. 374
4 Jochen Kirchhoff „Die Anderswelt. Eine Annäherung
   an die Wirklichkeit". Klein Jasedow 2002, S. 226
5 ebd., S. 226
6 Carl Friedrich vom Weizsäcker „Zeit und Wissen",
   München 1992, S. 406
7 Jochen Kirchhoff „Räume...", S. 183/18

Der Mensch, der Raum und die Schwerkraft

1 Hans Jörg Fahr „Alternativen zur
   Urknall-Kosmologie. Die Welt als kosmischer
   Attraktor. Vortrag in Stuttgart am 15. Jan. 2000
   (S. 16 des Vortragsmanuskriptes)
2 Hierzu ausführliche Beweisführung im 5. Kapitel
   von „Räume, Dimensionen, Weltmodelle.
   Impulse für eine andere Naturwissenschaft".
   München 1999 (Diederichs New Science)
3 ebd. 7. Kapitel
4 Zur Frage des extraterrestrischen Lebens in

„Was die Erde will. Mensch – Kosmos – Tiefenökologie", Bergisch Gladbach 1998 (Lübbe), S. 101 ff
5 So zum Beispiel der Biologe und Wasserforscher Peter Augustin
6 Argumente hierzu im 7. Kapitel von „Räume, Dimensionen, Weltmodelle"
7 Peter Sloterdijk „Sphären I. Blasen", Frankfurt/M. 1998, S. 23
8 „Räume, Dimensionen, Weltmodelle", S. 180/181
9 ebd. S. 182
10 ebd. S. 223 ff
11 Hans Jörg Fahr „Der Urknall kommt zu Fall. Kosmologie im Umbruch", Stuttgart 1992 (Franckh-Kosmos), S. 198
12 „Räume, Dimensionen, Weltmodelle", S. 165 ff
13 Zitiert in „Was die Erde will", S. 36
14 ebd. S. 369

Einstein forever?

1 „Der Spiegel" 50/1999, S. 260
2 Max Jammer „Der Begriff der Masse in der Physik", Darmstadt 1974, S. 193
3 Walter Theimer „Die Relativitätstheorie", Bern/München 1977, S. 82
4 Jammer: ebd., S. 183
5 G. Falk/W. Ruppel „Mechanik Relativität Gravitation" Berlin/Heidelberg/New York 1973, S. 311/312
6 Georg Galeczki/Peter Marquardt „Requiem für die Spezielle Relativität" Frankfurt/M. 1997, S. 9
7 Ebd.: S. 114/115 und Theimer, S. 151 ff
8 Jochen Kirchhoff „Räume, Dimensionen, Weltmodelle", München 1999, S. 45 ff
9 Galeczki/Marquardt ebd., S. 148

10 Zitiert ebd., S. 156
11 Zwei Vorträge und ein Seminar von Jochen
   Kirchhoff zu diesen Fragen finden vom 15. bis
   zum 18. September 2005 im Stadtforum Bad
   Saulgau in Oberschwaben statt. Gesamttitel:
   „Der Kosmos lebt!"
   Als Basislektüre sei empfohlen:
   Helmut Friedrich Krause: „Der Baustoff der Welt",
   Berlin 2024
   Jochen Kirchhoff „Räume, Dimensionen,
   Weltmodelle" und „Die Erlösung der Natur",
   Klein Jasedow 2004
12 Galeczki/Marquardt ebd., S. 215

Die Kosmologie der Unendlichkeit

1 Zitiert in: Anacleto Verrecchia „Giordano Bruno.
   Nachtfalter des Geistes", Wien/Köln/Weimar 1999,
   S. 239
2 ebd. S. 191
3 Peter Sloterdijk „Sphären II. Globen",
   Frankfurt/M. 1999, S. 813
4 Peter Sloterdijk „Sphären I. Blasen",
   Frankfurt/M. 1998, S. 23
5 Giordano Bruno, „Die Vertreibung der
   triumphierenden Bestie", Leipzig 1904,
   (Zuerst 1584 erschienen)
6 Frank Tipler „Physik der Unsterblichkeit.
   Moderne Kosmologie, Gott und die
   Auferstehung der Toten", München 1994,
   Kritische Auseinandersetzung damit in:
   Jochen Kirchhoff „Was die Erde will. Mensch –
   Kosmos – Tiefenökologie", Bergisch Gladbach 1998.
   S. 117 ff
7 Zitiert in: Jochen Kirchhoff „Giordano Bruno",
   edition dionysos 2025, S. 120

8 Hierzu Jochen Kirchhoff „Kopernikus",
  edition dionysos 2025, u. a. S. 55 ff
 9 Zitiert bei Verrecchia, S. 351
10 ebd. S. 346
11 ebd. S. 352/53
12 Zitiert in: Kirchhoff „Bruno", S. 142
13 Verrecchia, S. 388
14 ebd. S. 300
15 ebd. S. 375
16 Zitiert in: Kirchhoff „Bruno", S. 169
17 Verrecchia, S. 278
18 Zitiert in: Kirchhoff „Bruno", S. 23
19 Kirchhoff „Kopernikus", S. 25 ff
20 Kirchhoff „Räume, Dimensionen, Weltmodelle.
  Impulse für eine andere Naturwissenschaft.
  (Diederichs New Science, hrsg. von Franz-
  Theo Gottwald, Ervin Laszlo, Stephan
  Schuhmacher) München 1999
21 Giordano Bruno „Das Aschermittwochsmahl",
  Übersetzt von Ferdinand Fellmann. Frankfurt/M.
  1969, S. 74 (Zuerst 1584 erschienen)

Quellen

Alle Beiträge dieses Buches sind in Erstveröffentlichung in der Zeitschrift raum&zeit (r&z) erschienen.

Der Kosmos lebt (II)
Wie lebendig ist der Weltraum?
r&z Ausgabe 128 – 2004

Der Mensch, der Raum und die Schwerkraft
Mögliche Antworten auf Fragen, für die
die orthoxe Physik keine Antworten hat
r&z Ausgabe 106 – 2000

22 Thesen zur herrschenden Naturwissenschaft
Oder warum eine andere Naturwissenschaft
notwendig ist
r&z Ausgabe 100 – 1999

Die herrschende Naturwissenschaft kennt Mensch &
Leben als Zufallskonfiguration
Eine Anti-Geschichte der Physik
Interview mit Jochen Kirchhoff
r&z Ausgabe 101 – 1999

Einstein forever?
Ein kleiner Abgesang auf eine Kultfigur
r&z Ausgabe 137 – 2005

„Urknall" und Hiroshima gehören engstens zusammen
Die lebensfeindliche Tendenz der Naturwissenschaft
r&z Ausgabe 99 – 1999

Die Kosmologie der Unendlichkeit
Essay zur 400. Wiederkehr
der Verbrennung Giordano Brunos
am 17. Februar 1600
r&z Ausgabe 104 – 2000

Weitere Beiträge aus „raum&zeit" finden Sie in einem
zweiten Band in der Essayreihe

PHILOSOPHISCHE PERSPEKTIVEN

mit dem Titel

„Wirklichkeit von Licht & Zeit"

Weitere Schriften von Jochen Kirchhoff finden Sie unter

edition-dionysos.de

Über den Autor

Jochen Kirchhoff, geb. 1944, lebt und arbeitet in Berlin. Er hat in den 1990er und Anfang der 2000er Jahre etwa 150 Vorlesungen zu naturphilosophischen Themen gehalten. Bisher ist nur ein Teil der Vorlesungen als Podcast und Transkript veröffentlicht. Über 400 öffentliche Vorträge zu naturphilosophischen und gesellschaftlich relevanten Themen hat er zudem seit 1980 gehalten. Zahlreiche durchgeführte Seminare u. a. zu geomantischen Themen und zur ganzheitlichen Rezipierung von klassischer Musik rundeten seine Lehrtätigkeit ab. Auf seinem Youtube-Kanal sind desweiteren philosophische Gespräche veröffentlicht, die auch auf zeitgeschichtliche Phänomen aus philosophischer Sicht eingehen. Sein schriftstellerisches Werk umfasst bisher seine naturphilosophische Tetralogie, Arbeiten zur Philosophie der Musik, Monografien, Beiträge in Zeitschriften und Schrifttum zur Bewahrung, Aufarbeitung und schöpferischen Pflege des philosophischen Werkes von Helmut Friedrich Krause. Jochen Kirchhoff ist ausgewiesener Kenner des Werkes von Giordano Bruno, Friedrich Wilhelm Schelling, Novalis, Friedrich Nietzsche, Arthur Schopenhauer und Helmut Friedrich Krause u. v. a. Er beteiligt sich regelmäßig mit Essays und Interviews am gesellschaftlichen Diskurs zu zeitgeschichtlichen Phänomenen und grundlegenden Fragen zur Bewältigung der Bewusstseinskrise der Menschheit aus philosophischer Sicht.

jochenkirchhoff.de